AF390740

Insubmersible

Mohand GUIDDIR

Titre : Insubmersible
Nom : Guiddir
Prénom : Mohand
Date de naissance : 1995
Numéro du *copyright* : 00070845-1

Dépôt légal effectué le 30 novembre 2020
ISBN : 978-2-9575963-0-0
EAN : 9782957596300

Édition : AFNIL (décembre 2020)
Couverture et mise en pages : Mohand Guiddir
Photo personnelle : Mohand Guiddir
Photo de couverture : *Under The Ocean* (Canva Pro)

Agence Francophone pour la Numérotation Internationale du Livre
Electre (Association loi 1901)
35, rue Grégoire-de-Tours
75006 PARIS
Tél : +33 (0)1.44.41.29.19
Standard : +33 (0)1.44.41.28.00

À toute ma famille,
À mes amies et amis, en France, en Kabylie et au Québec.

Chapitre 1

Ce récit, purement fictif, n'est ni le plus inspirant, ni rempli d'infirmités personnelles. D'autres histoires affermissent bien mieux les esprits. Plusieurs sont terribles, bien que parfois artificielles, et puis d'autres, tout simplement instructrices, à l'égard de quiconque souhaite avancer à tâtons dans la vie. Mais, je voulais partager une histoire, celle de ma propre formation, de ma propre construction humaine. Proprement forgée à partir de dires, de lectures, de conflits, de satisfactions et de déceptions intimes. Vous savez, une construction humaine est, avant tout, singulière. Néanmoins, dans un désir de transmission, sans condescendance, une architecture peut très bien en inspirer plus d'un. Certains y verront un modèle à suivre. D'autres, un contre-exemple à enrayer.

En fait, ma pensée a, longtemps, été étouffée. Faible de ne pouvoir s'exprimer, elle a trouvé un remède suranné : l'écriture. Efficace, pour transmettre un message aux générations futures, le buriner ou le greffer dans leurs esprits, tout en espérant qu'il perdure ; l'histoire l'a démontré maintes fois. L'écriture s'acquiert, en outre, par les maux. Il y aurait une sorte de vocation, voire de sélection. D'après ce que j'ai compris, de grands écrivains ayant traversé les siècles, si ce ne sont les plus grands, ont vécu de manière misérable. Personnellement, leurs souffrances intimes, non fictives, une fois accouplées à leurs récits, les ont rendus, à mes yeux, beaucoup plus crédibles ; ce qui engendre un effet d'identification et de compréhension bien plus profond. Une sensibilité ressortait à chacune de leurs lectures ; chaque récit, avec son âme respective, offrait ses propres salves d'émotions émotionnelles. Je tenais à rendre hommage à ces talentueux hérétiques qui, grâce à leurs œuvres, à leurs constructions, ont inspiré d'autres hérétiques bienfaisants dans l'écriture ; j'ai saisi la puissance de ce remède au premier jet d'encre, lorsque mon désarroi s'externalisait à petit feu.

J'ai cette admiration pour les écrivains engagés. Pas n'importe lesquels. Je parle de ces femmes, de ces hommes, dévoués à leurs différents destins. Mais qui, en contrepartie, reçoivent un engagement profond des opprimés défendus, avec ardeur, tout au long d'un récit. Une sorte de réciprocité populaire. L'engagement réel est palpable chez cet auteur qui délaisse tant de choses, se sacrifie pour servir une cause et qui, par-dessus tout, comprend les réalités locales. La réciprocité n'aura, évidemment, pas lieu si cet écrivain s'engage à défendre le peuple, avec les idées des autres, tout en vendant des bouquins à des prix exorbitants. Dans l'histoire, trop d'écrivains et d'écrivaines se sont crus, à un moment donné, engagés. Ce qui me fait sourire dans la mesure où ce sont des gens qui se proclament fervents défenseurs d'une cause, alors que rien ne leur a été assigné. Et dire que le système, dans un rôle d'instrumentalisation, les promeut à foison. C'est simple, tant qu'il n'y a pas réciprocité populaire, les auteurs auront beau vendre des souffrances, ce statut privilégié d'écrivain engagé ne sera pas atteint. De toute manière, leurs engagements seront jugés, ou plutôt vérifiés, en fonction du nombre de personnes présentes lors de leurs enterrements. Ces écrivains admireront, du haut de leur estrade d'outre-tombe, la redevabilité populaire qu'ils ont créée, ou pas. Et si elle n'a pas été créée durant leur existence, elle sera créée, à titre posthume, lorsque la mémoire collective en sera, tôt ou tard, consciente.

Pourquoi parler d'écrivains engagés ? Dans mes longues péripéties, certains auteurs ont su m'accompagner. Leurs dires, leurs morales ainsi que leurs différentes sensibilités nourrissaient davantage cette redevabilité que j'ai envers eux. Je ne comprends pas non plus pourquoi ce besoin de les remercier. Cependant, je trouvais dans leurs récits, un devoir de transmission, s'apparentant à de la générosité qui, lorsqu'elle est sincère, les rapproche du peuple. Peut-être que ce récit me permettra de transmettre à mon tour. Mais pourquoi parler de sincérité ? Parfois, la transmission diffère selon l'histoire de chacun ; ne pas recourir au biographisme, dans l'analyse d'une œuvre, mène à une mauvaise interprétation de la sincérité ainsi qu'à une émotion faussée. De nos jours, un rappeur, issu d'un quartier populaire, suscite bien plus d'euphories qu'un rappeur bourgeois, vendant les souffrances d'une banlieue, même s'il ne les a pas connues ; il ne fera que s'enrichir davantage. Inévitablement, l'émotion, dégagée par un timbre de voix, lui-même façonné par de longs incidents personnels, ne peut être acquise si la vie de l'auteur est grimée. En d'autres termes, si l'architecture, propre à un métier, choisit de supprimer des étapes cruciales, les risques d'affaissement sont accrus et remarqués. L'architecture doit être sincère.

La construction humaine requiert bon nombre d'étapes. Ce sont des séquences composées de labourage, d'attente et de récoltes. Les graines, requises pour le labourage, sont des valeurs fondamentales insubmersibles. Les chemins à emprunter sont vastes. Les impasses, trompeuses et séduisantes au début, en raison d'ornières par milliers, restent inévitables. Même si, finalement, puisque chaque nouvelle étape nécessite un baptême du feu, les impasses doivent être considérées comme de simples instructions. Il m'a fallu des années pour comprendre ces sacrifices indispensables. En d'autres mots, ces coûts nécessaires à l'élévation. D'où mon aversion, pour celles et ceux qui sous-estiment l'effort lié à l'ascension sociale, artistique ou professionnelle. Le rappeur populaire, ayant été confronté à des coûts, contrairement au rappeur bourgeois, parviendra facilement à une construction artistique plus émotive, plus populaire et plus digne d'une redevabilité populaire.

Existe-t-il seulement un effort, une rigueur à fournir afin d'arriver à cette construction ? Un pur acquis académique ou une simple expérience fortifiée par l'école de la vie ? À vrai dire, ma construction personnelle ne m'a pas totalement convaincu. Elle m'a appris à apprécier la chance qui, accompagnée de tous ces acquis, autant sociaux qu'académiques, élève très généralement au sommet. Je ne saurais jamais qualifier cette puissance, tellement transcendante, s'apparentant parfois à de la bénédiction, à un destin tout tracé ou encore, à une force divine bienveillante. Telle une étincelle venant apporter de la magie à nos nombreux acquis. De la magie à une âme chaste prédestinée à devenir quelque chose et qui, soudainement, voit son parcours dévié, corrigé et redirigé vers ce qui lui a été pensé, lors de sa création. Parfois, en voulant bifurquer, en direction d'un chemin indu, notre bonne étoile apparaît, exigeant, fermement, de rebrousser chemin.

Tout a débuté dans mon pays natal, l'Algérie. Mon prénom est Ahcène. Mes parents voulaient me prénommer Massinissa. Sauf qu'à l'époque, notre Administration, panarabique et profondément jacobine, ne tolérait pas les prénoms berbères. « Ahcène » me plaît tout de même, puisqu'il signifie le « meilleur ». Issu d'une famille très modeste, garçon brillant à l'école, j'étais aimé des élèves, des professeurs et même du quartier dans lequel je vivais. J'ai grandi au cœur de la ville de Tizi-Ouzou, mais ma famille est originaire d'un village, à une trentaine de kilomètres. Jeune, je souhaitais absolument devenir journaliste. Mes parents, grands-parents et le reste de l'équipage, me poussaient à suivre cette voie, plutôt « noble » à mon sens. Un métier idéal pour un jeune kabyle, très attiré par la culture occidentale, la littérature française et tout autre substitut au panarabisme désenvoûtant qui corrodait ma chère Kabylie. Ou devrais-je plutôt écrire, à une idéologie qui a reconditionné nos schémas mentaux à sa guise ; à l'époque, c'était le meilleur moyen d'éviter un crime de lèse-majesté.

Un peu comme d'autres jeunes de mon âge, j'essayais d'adopter une posture de dandy, d'imiter l'éloquence des politiciens occidentaux et de parvenir à l'intégrité intellectuelle de certains journalistes locaux. Je dois l'avouer, ce triptyque de la soif de réussite, propre aux États marginaux, s'avérait utile avec les filles du quartier. En même temps, qu'est-ce qu'elles étaient ravissantes et qu'est-ce qu'il était urgent de suppléer à nos déficiences symboliques ; toutes héritées de la position périphérique du pays. À ce propos, j'avais pour modèle féminin ma modeste maman. Oui, elle était belle. Dès que je rencontrais une jolie fille, je ne pouvais m'empêcher de faire la comparaison, de lui attribuer une note en fonction d'une série de critères, propres à ma chère mère. Mon adolescence s'est résumée à plusieurs heureuses élues qui m'anoblissaient et qui me dépossédaient de mon intégrité à la fois.

J'en ai connu des filles. Parfois même, comment vouliez-vous étudier convenablement dans des conditions pareilles ? Mon médecin, très provocateur et jamais à court de fourberies, m'a dit un jour : « Un conseil, laisse tomber les filles pour le moment. Concentre-toi sur tes études. Elles seront toutes à toi quand tu réussiras. » Au lycée, il m'arrivait de penser à une jolie fille qui m'aimait et de dire à l'un de mes professeurs : « Mais je n'en ai rien à foutre de vos satanés cours ! » Malheureusement, je remarquais qu'être en couple était synonyme de dégringolade académique. Obstiné par cette idée d'architecture, je me suis fait la promesse de suivre la voie académique et de passer au point mort avec les filles. Vous pouvez en croire mon expérience, ces deux conditions ne sont pas décorrélées.

Il valait mieux miser sur une bonne construction, attendre sagement la personne idéale et justement, grâce à la solidité d'une architecture bien réfléchie, garantir une relation pérenne. D'après mes aïeux, le mariage doit être une ascension. Je me souviens d'un ami de la famille qui nous a raconté cette belle histoire hébraïque.

Un jour, le lion, Roi des animaux, organisa une fête et convia tous les animaux à son mariage. Chaque animal apporta un cadeau. C'est alors qu'une souris, toute timide, se dressa face au lion et lui tendit une enveloppe avec de l'argent à l'intérieur. Elle ajouta : « Heureux mariage mon frère ! » Très surpris, le lion dit : « Mais ma pauvre, je ne suis pas ton frère. Je suis un lion et toi une souris. » La souris répondit spontanément : « Oui, certes, je suis une souris mais avant mon mariage, j'étais un lion comme toi ! »

Arrivé à la vingtaine, après quelques lectures, venues solidifier cette construction, j'ai fait le choix d'éliminer, sans équivoque, la voie journalistique. Je trouvais que la profession ne s'était pas bonifiée avec le temps. Elle est seulement devenue une course de relais d'informations, avec l'idée d'apeurer, de transmettre des pulsions négatives qui, chez beaucoup de personnes vulnérables, se transforment en achats compulsifs. Oui, ce journalisme télévisé, en connivence avec les publicitaires, ne me plaisait pas. Mais finalement, tous les types de journalisme, sitôt qu'ils suivaient une idéologie de droite, de gauche, de bien-pensance et j'en passe, ne m'intéressaient guère. Le journalisme sportif, en revanche, me plaisait bien. Enfin, je ne retrouvais plus l'impartialité journalistique, parfois mise de côté afin de défendre de vrais opprimés et qui, longtemps, m'avait fasciné. Je ne voulais plus être journaliste. J'avais peur de ne pouvoir m'exprimer librement, notamment en Occident où de grands milliardaires de droite, détiennent de grands médias de gauche. Pour moi, la liberté d'expression s'applique si et seulement si le groupe détenteur du média se soumet à la critique journalistique. A partir du moment où nous rencontrons une zone sinueuse, sur ce terrain, alors le travail journalistique est imparfait. Avec ma formation en mathématiques, j'aurais toujours pu trouver un métier dans le journalisme. Être consultant en économie ou encore en finance de marché. Encore faut-il que le média ne soit pas détenu par un groupe désirant faire chantage aux politiciens en échange d'exonérations fiscales ? Dans notre époque, néomercantiliste, cela est difficile.

Par conséquent, vous l'avez deviné, j'ai plutôt choisi une voie d'ingénieur. Cette « vocation » si je ne m'abuse, je l'ai connue après une rencontre purement aléatoire. Il s'agissait d'un excellent professeur de mathématiques, Djilali, surnommé « Michel » par les étudiants. Il m'a fait l'éloge de cette magie, incomprise par certains, si bien manipulée par d'autres. Un jour, il m'a prouvé que les mathématiques étaient la solution à tous nos maux. Elles représentaient, vraisemblablement, un outil infaillible à l'approximation ; venant parfaire n'importe quelle construction aux contours abstraits. J'ai eu du mal à l'expliquer la première fois, mais cette discipline, vraiment parfaite, est venue consolider ma foi. Si la physique est humaine, alors les mathématiques sont divines. J'avais cette intime conviction, qu'une force tutélaire avait, préalablement, consigné une infinité d'équations. Aussi, en les résolvant, nous pourrions, un jour qui sait, aboutir à cette exactitude que tant redoutent.

Les lectures et les écoutes jouent un rôle majeur dans cette construction humaine dans la mesure où elles ajustent nos pensées. Elles nous rouvrent les yeux sur le chemin le plus convenable ; j'écrirais même, qu'elles offrent une envergure de connaissances, nous permettant ainsi d'agir, certes placidement, mais efficacement. De manière plus bergsonienne, grâce à elles, nous pensons en Homme d'actions et nous agissons en Homme de pensées. Les belles rencontres contribuent, en outre, à cet éventail d'idées intègres et d'intuitions ; celle que j'ai faite avec Michel en est la preuve. Plus les journées avançaient et plus les équations me paraissaient, grâce à une pratique constante, à un labourage quotidien, faciles à résoudre. J'avais acquis la bonne méthodologie. L'employabilité du temps devenait folâtre. L'autodiscipline, la transmission de mes aïeux, les échanges avec les bonnes personnes étaient, en quelque sorte, piliers d'une architecture probe et d'une route qui ne divaguait presque pas. Beaucoup de valeurs, que je crois toujours insubmersibles, me protégeaient de l'égarement. C'est pourquoi, ma gratitude est aujourd'hui infinie.

Enfin, je ne veux pas trop me précipiter, vous découvrirez tous les détails de mon histoire, assez succinctement. Contrairement au phénix, je pensais parfois, ne jamais renaître de mes cendres. Très clairement, j'ai vu mon image dévaluée, plusieurs fois, auprès de celles et ceux qui s'y attendaient le plus. Les plus sages de mon entourage, en revanche, ont su apprécier le courage qui était en moi. La première dévaluation, encore très pesante, est apparue lors du mariage de cette fille que, très naïvement, je pensais épouser à la fin de mes études. De nombreux événements m'ont fait rencontrer cette bien-aimée pour qui, malgré tout, je reste redevable. En effet, si je l'avais épousée, jamais je n'aurais pu quitter le pays et vivre en France ; ma conscience morale ne me permettrait pas d'accepter une quelconque relation à distance. Déjà que, la distance en soi, toujours accompagnée d'un mal-être, est une situation délicate, je ne pouvais m'y résoudre à l'idée de comparaître face à de nouveaux maux. Je me souviens encore de son regard, croisé sur les bancs d'école... Son mariage en a tourmenté plus d'un dans le quartier. Nous étions prêts à nous endetter pour la dot. Malgré tout, j'ai beaucoup appris à ses côtés, d'où aujourd'hui la gratitude éprouvée.

À l'école, au début, je n'étais pas vraiment assidu. Certes, je comprenais les instructions, parfois un peu trop caporalisées à mon sens, et que j'ai souvent réfutées, mais je me reposais sur mes acquis. Pour moi, l'école n'est autre qu'un lieu de joies, de camaraderies, de brimades ainsi que d'émotions. C'était également un lieu de labourage personnel. En fait, les rencontres permettent de penser l'architecture, de s'autoriser quelques erreurs et surtout, grâce à une autocritique journalière, mesurée, de parvenir à une bâtisse aboutie. L'école est un lieu où beaucoup cherchent leurs voies. Mon sérieux, ma rigueur, comme chez d'autres personnes, ont débuté une fois ma vocation sue, grâce aux signes perçus dans les cours d'école. Perceptibles dans chaque événement qui se dresse face à nous.

Ces signes soulagent. En effet, dans l'attente, toujours incertaine, nous sommes mollasses. Nous souhaitons, vivement, percevoir des signes afin de reconnaître, parmi toutes les diligences proposées, celle qui nous conduira vers un équilibre. La recherche de ces signes est un labourage permanent. Or, seule la recherche de son bonheur, enclenchée pour la plupart à l'école, permet de trouver cet équilibre, qui nous fait passer de l'amorphie à la vivacité. C'est le cas de la vocation professionnelle. C'est également le cas de la vocation intime, avec la bonne personne à choisir. Finalement, toutes ces filles côtoyées, en réalité, m'ont offert la possibilité d'affiner mes choix de vie. En d'autres termes, j'ai su, prématurément, le genre qui me serait approprié.

Pour en revenir à ma vocation professionnelle d'ingénieur, d'autres événements, probabilistes, m'avaient mené à ce professeur. Il faut dire que, pour mon *Beruf*, j'avais les aptitudes requises, en reprenant cette idée luthérienne de la vocation. Voyez-vous, deux chemins apparaissent, une fois la fin du collège : celui de la persévérance ainsi que celui de l'inadvertance. Les quelques facilités en mathématiques, accompagnées d'une passion absolue où je mettais du cœur, m'ont dicté un chemin à suivre. Surtout, elles m'ont soigneusement interdit d'abandonner lorsque d'autres alternatives, accommodantes, germaient. Maladroitement, beaucoup d'autres camarades se comportaient déjà comme des adultes ; ils voulaient, à tout prix, découvrir des choses, alors qu'ils étaient, hélas, mal préparés à cela. J'aime cette idée du tunnel où, même si le bout n'est pas tout à fait visible, nous continuons à avancer parce que nous savons pertinemment qu'il existe une fin glorieuse à chaque défi. Pour ma part, c'était un défi académique, ou plutôt, une mission qu'il fallait achever. Les études se trouvaient dans mon monde réel ; la création d'un monde idéal, à ce moment précis de l'architecture, aurait été malhabile.

Ainsi, je crois qu'à cet âge-là, notre construction, simple ébauche encore éloignée des finitions, ne permet pas de jouer avec les tares sociales. Peut-être essayer afin de se rendre compte de la dangerosité. Incontestablement, cela ne peut que détériorer notre capital symbolique ; c'est une suite fortement dommageable pour le reste du modèle. Fort malheureusement. Même les couples, qui se forment durablement au collège, au lycée, et qui, par malheur, se séparent, ne sont que colporteurs de tristes séquelles ; toujours aussi avilissantes aux yeux d'une opinion sociale, souvent cupide de mauvaises nouvelles divertissantes. Je l'avoue, ces paroles sont bien trop faciles. Qui n'était pas tenté par la mouvance juvénile ? Tenté maintes fois, j'avais moi-même essayé de suivre cette mouvance. Mais sans aucun succès. À chaque fois que nous lancions un dé, mes camarades et moi, tous obtenaient la face qu'ils escomptaient. Sauf moi. Quelque chose venait sans cesse piper le mien. Longtemps, je prenais ces situations pour de la malchance. Désormais, je comprends mieux la complexité des rouages qui composent la vie. Je comprends qu'il ne s'agit pas que d'une simple mécanique et que des choses puissantes dépassent nos schémas mentaux. J'ai compris qu'il ne s'agissait pas d'un Dieu trompeur. Mais plutôt, d'une force bienveillante qui, dans cette séquence du labourage, de l'attente et de la récolte, souhaitait savoir si la récolte est méritée ou non.

Ma jeunesse, notamment au collège, était différente. Très singulière, dans le bon comme dans le mauvais sens, suivant l'interprétation. Lorsque quelques signes m'ont présenté mon idéal professionnel, j'étais, d'une part, soulagé. Mais, d'autre part, je savais que personnellement, un autre manque, s'apparentant cette fois-ci à la personne idéale, serait à combler. Longtemps, je croyais que la chance m'était sournoise en ce qui concernait la vie personnelle. J'en ai passé des nuits à réfléchir, voulant à tout prix atteindre cet équilibre de vie. Ces deux projets, l'un personnel et l'autre professionnel, m'étaient primordiaux. Ne me demandez pas pourquoi. Très jeune, je savais que mon bonheur passerait par ces deux projets. La mission devait être accomplie et il ne fallait, en aucun cas, ou le moins de fois possible, déroger à la règle ancestrale. Pour la première fois, un dilemme entre tradition et modernité est apparu.

J'étais dans la poursuite de ces deux projets, offrant de nombreux caractères sous-jacents tels que la respectabilité, l'intégrité ainsi que de la stabilité. Je savais qu'ils étaient, tous deux, fortement corrélés. Et *in fine*, qu'ils m'amèneraient à l'architecture accomplie dont j'ai rêvé. Pour ce faire, mon grand-père m'a dit un jour que dans la phase de labourage, il fallait, impérativement, quelques gouttelettes d'audace pour que les graines puissent germer. Il m'a rappelé que ces graines étaient des valeurs fondamentales, protectrices et insubmersibles. Ainsi, dans n'importe quel projet de vie, composé de labourage, d'attente et de récoltes, l'audace singularise et veille à ce que l'acte soit ancré, vigoureusement, dans la mémoire de celles et ceux qui ont vu la réalisation du projet.

De plus, lorsque l'audace surgit, une aide extérieure, millimétrée comme cela a été le cas avec Zidane et sa *Panenka*, veille à ce que l'événement soit à la hauteur du geste. C'est ce que j'ai appris de mes nombreux enseignements, tant académiques que familiaux. Dans cette recherche du bonheur, d'un aboutissement architectural digne de respect, une sorte de main invisible surveille nos moindres faits et gestes. Les projets audacieux, faisant appel à l'intuition, ne sont jamais délaissés. A croire que la générosité et la grâce, de cette force qui nous gouverne, ne sont pas partielles. Une fois offertes, cela ne peut qu'être en abondance. Sans aucun abandon. Une sorte de bouquet où chaque fleur représente une vertu singulière : probité intellectuelle, chance, classe, bonté, et encore. Toutes insubmersibles. Toutes indispensables dans un monde réel où, comme Gilgamesh, chaque épopée individuelle comporte des défis à relever, des Umbaba et des Enkidou à affronter. Comme une mission à accomplir dans ce monde réel, afin de mieux s'envoler, si nous le croyons, vers un monde idéal.

Il est, de surcroît, inconcevable de choisir la facilité, l'autocomplaisance, le chemin court ou encore la consolation. Je préférais largement les nouveaux défis ; je soutenais qu'une amélioration constante menait à un semblant de perfection dans notre construction. Un peu comme dans toutes les professions artisanales où la tâche n'est jamais pleinement finie. Chaque artisan est voué à remplir son tonneau des Danaïdes. Prétendre parvenir à une bâtisse cohérente, sans fondation conséquente et sans dévouement profond, dès l'enfance, conduit simplement à une récolte illusoire. C'est un cas de figure synonyme de superficialité. Tôt ou tard, les premières fissures éclosent. Avec le temps, notamment à cause d'une solidité frivole, les infiltrations s'amoncellent. Presque souvent de nature malsaine, elles s'arrimeront à des paroles du monde extérieur qui, si nous sommes dépourvus d'intégrité protectrice, nous mettront dans un état délicat, incertain et divaguant.

Les créatures nocturnes sont attirées par la lumière artificielle : celle des lampadaires. Elles n'ont jamais été attirées par celle du soleil. Je pense à cette lumière pure, indispensable et sans équivalent. En d'autres mots, il est préférable de suivre un chemin essentiel. La construction humaine n'est pas déconstructible. Certes, elle peut être remaniée, repensée, mais la fondation requiert quelques étapes précises, à la limite d'une *doxa* enfouie. De longues histoires, insubmersibles, ont été racontées à ce sujet ; chaque décennie s'est engagée à écrire la sienne. Elles contiennent des normes et des valeurs qui, ontologiquement, demeurent nécessaires à l'édifice. Les dernières générations ont promu la déconstruction. J'y plaiderais, volontiers, si elle s'appliquait seulement à la toiture, aux derniers étages, voire à la façade uniquement. D'ailleurs, une façade dérogatoire me séduit dans la mesure où elle est singularisante. En revanche, une fondation doit être rigoureuse ; la déconstruction ne peut être radicale. Je m'attriste lorsque la charrue est mise devant les bœufs. Certains déconstruisent les fondements et s'alignent sur un paraître, une théâtralité conforme. Tandis que, d'autres, commencent par la façade et terminent par les fondations.

Chapitre 2

Le décès de mon grand-père a été un réel choc pour toute la famille. Nous, qui avions l'habitude de le voir veiller sur la demeure. Rentrer chaque soir avec deux énormes sacs de courses, prendre du plaisir aux mots fléchés et nous divertir une fois la nuit tombée. Mon plus grand regret était, clairement, le manque de communication que nous avions lui et moi. J'aurais aimé lui dire, juste une dernière fois, à quel point la ligne directrice qu'il nous avait, laborieusement, tracée, valait toutes les richesses matérielles de ce pauvre monde réel. Cette ligne directrice, combinant réussite scolaire, fierté, rigueur, justice ainsi que bienfaisance auprès de notre prochain, est le plus bel héritage qu'il nous ait légué. Bien que cette ligne directrice soit difficilement exposable et appréciable à sa juste valeur, j'en reste très fier dans la mesure où seuls les meilleurs d'entre nous, sauront l'apprécier. Naturellement, je ne me focalise pas sur le genre de personnes qui la remet en question. J'élimine quiconque ne sait pas comprendre un héritage pareil.

Le décès d'un proche est un passage extrêmement difficile. J'ai veillé maintes nuits à écrire des poèmes en sa mémoire, à admirer ses photos de jeunesse et à l'en remercier. D'autant plus que mon deuil, suivi d'une dépression, n'est pas apparu dans l'immédiat. L'organisation de ses obsèques m'a tellement occupé que, sur le coup, j'avais oublié la tragédie qui nous frappait de plein fouet. Durant la satanée phase de deuil, je restais longuement troublé par les vents du regret, bien plus que le reste de la famille. Une fois la nuit tombée, je me retrouvais seul, à ressasser nos souvenirs passés. Toutefois, la croyance en Dieu ainsi que son histoire, celle qu'il avait construite, ont apaisé mes maux. Sur la route, nous pensons perdre nos proches. Mais, en réalité, ils nous attendent sur la ligne d'arrivée.

En poursuivant le chemin, sans ces proches disparus, il est ardu de se remémorer un souvenir, nous faisant rappeler à quel point, quelques pas de plus dans la course auraient été les bienvenus. Il est si pénible de repenser à un défunt, dans une situation délicate et de comprendre, amèrement, la réalité de son absence. Même si, quelque part, leur mémoire, dès lors que leur devoir de transmission a été bien exécuté, brille toujours. Concernant mon grand-père, lorsque je suis confronté à un contexte difficile, ses avertissements, aussi implicites qu'ils soient, refont surface. En effet, nous partagions le même point de vue sur les gens, sur la vie que doit mener l'individu ainsi que sur les objectifs qu'il doit atteindre.

J'ai compris, après sa mort, l'importance de la distance avec les personnes mal intentionnées. Ainsi que l'aura renforcée par cette même distance. Il m'a appris un jour que, la sociabilité, trop poussée, ouvrait la porte à la malice, à la jalousie, à la contrariété, à la déception, aux crises d'angoisse, aux ralentissements dans nos élans, à la négativité... Toutes ces souillures maladives, poussant évidemment à se faire du mauvais sang. Rien ne vaut la distance, la taciturnité, parfois même au sein de sa propre famille. Elles sont garantes d'un respect ainsi que d'une aura à long terme. Rien ne vaut cet art du subterfuge. Celui qui permet de se rendre flou, subtil, très peu perceptible auprès de personnes désobligeantes. De ne pas, justement, leur donner l'opportunité de suivre notre rythme. La finalité étant de les perdre, de les enfouir dans leur cercle réflexif, où troublées par maintes questions et par maintes stratégies à se demander comment nous atteindre, seront bloquées à chaque nouvelle tentative malfaisante.

En outre, sa mort m'a fait comprendre l'un des nombreux sens de la vie qui, selon moi, s'avère logique. Oui, celui de laisser une trace, aux générations futures, et ce, grâce à une excellente employabilité du temps. Si la personne est malfaisante, son nom sera cité à titre de contre-exemple. Si la personne commet des actions louables, son nom sera gravé dans la mémoire locale, régionale ou encore nationale. Toutefois, si la personne ne fait rien, pas de bien parce qu'elle est mauvaise, ou bien, pas de mal parce que physiquement, inapte, son oubli sera assuré. Or, mon grand-père me l'avait bien dit : « La pire chose qui puisse arriver à un homme est son oubli après sa mort. » En d'autres termes, c'est une seconde mort. Mais lui, le concernant, personne ne peut oublier l'homme qu'il incarnait. Ces valeurs humaines qu'il représentait. Ainsi, toutes ses belles histoires, toutes ses belles paroles, ne peuvent que le faire revivre parmi nous, et pour longtemps encore. À cela s'ajoute l'humilité dont il faisait preuve. Accouplée à la patience, cette dernière lui était synonyme d'architecture probe. Comment ne pas apprécier l'humilité d'une personne ? En levant la tête, les étoiles nous paraissent tant inaccessibles. En revanche, lorsque nous la baissons, tout en fixant une flaque d'eau, elles sont à nos pieds.

Enfin, je l'aimais pour son sens de la famille. Un véritable *leader* familial. Moi qui ai appris à réfuter toute forme de domination, patronale, salariale, je trouvais cette « autorité » légitime dans la mesure où elle était accompagnée de bienveillance enracinée. D'ailleurs, son décès a mis en lumière l'importance de cette fonction qui, si elle n'est pas incarnée par un meneur, conduit généralement les familles au déchirement, au déracinement. Dans les sociétés occidentales, s'il ne s'agit pas de mener la famille, au moins, il est crucial que l'un des membres prenne les commandes dans un domaine qu'il maîtrise ; où tous les coûts, nécessaires à cette maîtrise, ont été payés. Chaque pays, chaque équipe sportive, chaque famille doit désigner un capitaine, un homme ou une femme, apte à assumer ses responsabilités. Au sein de l'entité ou d'une tâche assignée. Encore faut-il bien le choisir ? Prenons une équipe de football ! Elle peut être composée des meilleurs, des plus grands, des plus rapides.

Si elle n'a pas de *leader*, elle ne peut être efficace. Le travail de ce dernier sera de faire les bons choix, au bon moment, avec les meilleurs sujets de l'équipe. Ajoutons à cela que le *leader* n'est pas forcément le meilleur joueur. Néanmoins, il fait preuve d'une compétence unique : prendre les bonnes décisions et au bon moment. Les familles les plus épanouies, qu'elles vivent dans une société patriarcale ou matriarcale, parviennent à élire un guide, expérimenté, à l'architecture aboutie, homme ou femme, diligent et dévoué à protéger la famille.

Cette aptitude de meneur se développe sur le long terme. Rien n'est pire qu'une famille ou une équipe sportive, désignant un mauvais *leader*. L'échec est assuré. Tout comme l'art d'être vendeur, ou expert-comptable, l'art d'administrer les choses requiert quelques compétences, uniques et parfois même, innées. Indesconstructibles. Vous savez comment reconnaître un futur entrepreneur dans une classe de maternelle ? C'est celui qui prend la balle et qui dit : « Qui veut jouer avec moi ? » Il prend le risque de jouer seul, de subir des brimades, mais il a pris le risque. La magie de l'audace vient à lui.

Bêtement, ce modèle dans la plupart des familles, d'emblée, se retrouve déjoué. La nature humaine nous pousse à prendre le pouvoir. Mon grand-père me répétait sans cesse : « Tu as trois manières de devenir fou. L'argent te rendra fou, l'amour aussi et enfin, le pouvoir. » La quête du pouvoir est un sujet crucial dans toutes les organisations, familiales, ethniques ou même corporatives. Dans notre société kabyle et dans bien d'autres sociétés méditerranéennes, nous réalisons les choses, un peu trop symboliquement. C'est-à-dire que, nous allons désigner un chef d'équipe, de manière très allusionnelle, juste parce que c'est l'aîné. Quant au puîné ou encore au cadet, doués pour prendre les décisions familiales fructueuses, ils seront marginalisés, avec un rappel à l'ordre, constant, sur leurs jeunes âges. Pour qu'il y ait un chef d'équipe, il faut que tous les membres renoncent, par libre décret, au pouvoir. Cela s'avère inopportunément impossible dans une société telle que la nôtre. Idéalement, les équipes gagnantes choisissent d'élire un capitaine. Celles et ceux qui se sentent incapables de diriger, se taisent, écoutent et respectent la décision commune.

Adulte, le chef de famille ou la cheffe de famille, se verra attribuer le rôle que d'une seule manière : sa compétence. Quand la diligence du temps avance, le cocher est confronté à de nouvelles tâches, de nouvelles traversées. Or, ces dernières sont déterminantes puisque, le cocher en question, atteindra ou non, son niveau d'incompétence. Autrement dit, s'il s'agit d'un domaine de compétence propre à l'avancée d'une famille, la limite sera visible en cas d'inaptitude. Malheureusement, dans notre société humaine, le déni n'est jamais manquant. Ni même la soif de pouvoir ; l'une des trois sources annoncées par mon grand-père. Ces sources, justement, sont fonctions inverses de l'intégrité humaine.

Chapitre 3

Comme bon nombre d'Algériens, j'ai choisi la France. Ce pays, motivé par une avidité économique, si je puis dire, est venu coloniser la terre de mes ancêtres. A son départ, cette nation avait laissé, d'une part, un capital physique considérable dans les villes, et puis, d'autre part, un capital culturel qui s'est étendu partout en Algérie. Sa langue, pierre angulaire de cette culture, a bercé bon nombre de mes compatriotes. Ainsi, tout comme mon père, mon grand-père, j'ai fait mes études en français. Je parlais couramment français, je regardais des émissions francophones et même les langues locales, le kabyle ainsi que l'arabe algérien, étaient fortement francisées. J'étais français comme un Indien était britannique.

Enfin, si j'avais eu à choisir, j'aurais sûrement été aux États-Unis. En particulier à New York, ville qui a bercé, par ailleurs, ma jeunesse. Avec ses lumières, ses films et ses musiques. Comment ne pas succomber à son charme ? Moi, qui ai grandi en Kabylie, j'étais tellement inspiré en voyant tous ces films. Nous essayions de nous vêtir de la même manière, d'imiter la mégalomanie américaine. Au lycée, avec mes amis, nous adulions cette culture américaine qui, pour nous, était d'une accessibilité étonnante. Cependant, avec le recul, j'ai appris à être plus prudent. J'ai appris à voir les choses différemment, à lire des œuvres critiques vis-à-vis des États-Unis. Mais, toujours inefficaces en raison d'une hégémonie débordante. Ces œuvres, parfois marxistes, ont fortement contribué à mon architecture. J'ai même appris à relativiser quant à l'idée de vivre à New York. En effet, et vraisemblablement, cette ville reproduisait tous ces mauvais côtés du capitalisme que je haïssais profusément. À titre d'exemple, je n'arrivais pas à croire que, le prix de l'immobilier, en ville, poussait des cadres supérieurs à opter pour des collocations. De plus, d'après ce que m'a rapporté une amie, je n'arrivais pas non plus à croire que, circuler en voiture, au sein de Manhattan, était chose ardue. Si je retrouvais ces amis du lycée, établis au New Jersey, mais se présentant comme new-yorkais, je leur dirais que leur place ne m'intéresse plus comme avant. Parfois, il est convenable de ne pas toujours être en accord avec les tendances sociales ; elles-mêmes, lobotomisées par l'idéologie dominante. L'intégrité peut passer par un arrondissement des angles. Nous ne sommes pas tous condamnés à la servitude qui, apparemment, n'a jamais été abolie ; seulement métamorphosée en violence extrêmement symbolique. Si nous continuons sur cette lancée, alors l'aliénation sera totale. Déjà que, depuis une quarantaine d'années, le capitalisme s'est accaparé de la légitimité de l'État, en renforçant cette idée de supranationalité, il ne doit surtout pas, corroder notre intégrité humaine.

La France faisait encore preuve de résistance. A mon arrivée, elle n'avait pas entièrement succombé à la vague capitaliste. Le collectivisme, m'étant familier, la caractérisait encore. Il était simplement dégradé dans les grandes métropoles. Le fort ancrage catholique de la France qui, d'ailleurs, l'a retardée durant la révolution industrielle et aujourd'hui encore dans la mondialisation, contrairement aux pays luthériens et calvinistes, permettait de lui éviter une assimilation totale des pires valeurs capitalistes.

Cependant, le modèle américain, concurrencé par les pays asiatiques, était trop séduisant. J'invoque les trois sources de folie, annoncées par mon grand-père et si chères à l'Homme : le pouvoir, l'amour et l'argent. Par conséquent, avons-nous trouvé, hormis le marché, un modèle adéquat à ces sources de folie ? Avons-nous trouvé un modèle apte à répartir les richesses ? Capable de mettre en place une hiérarchie ? L'histoire du monde s'est écrite autour de ces trois motivations. Je n'ai jamais vraiment cru en la bonté humaine. À vrai dire, mise à part ma pauvre famille, je n'ai jamais fait confiance à personne. Si nos sens peuvent parfois être trompeurs, alors les autres sont infernaux. Très tôt, mon père m'a dit : « Si tu veux être heureux, ne t'attends à rien de personne. » Mon expérience personnelle, aujourd'hui ma construction, m'a fait réaliser que la bienveillance humaine était rarement sincère.

La malfaisance était enfouie chez beaucoup de gens. Mon premier emploi, juste à la fin de mes études, au Ministère des Finances, peut longuement en témoigner. Au début, mon enthousiasme était confirmé, puisque je venais d'être fraîchement diplômé en mathématiques financières. J'étais digne du titre d'ingénieur. Néanmoins, cet enthousiasme, forgé de théories, a été subitement confronté à la réalité locale ; j'étais seulement analyste financier, soit un niveau d'études nettement inférieur. Ce titre d'ingénieur pour lequel, j'avais tant cravaché, n'était pas toujours accessible chez nous. Enfin, j'étais ingénieur sur le papier, mais les missions qui m'étaient assignées rejoignaient, plutôt, celles d'un analyste financier. L'analyste utilise quatre-vingt-dix-neuf outils et l'ingénieur créé le centième. La réalité économique et innovante du pays ne me permettait pas d'exploiter pleinement le génie créatif que j'ai cru en moi.

J'aurais aimé, à ce moment-là, partir, faire valoir mes acquis dans un autre pays, bien plus accommodant. En Algérie, la violence du système m'a frappé à deux reprises. Tout d'abord, lorsque j'ai compris que nous étions obligés de travailler, toute notre vie, et ce, jusqu'à la retraite. J'ai rapidement conçu que dans le monde du travail, la demande, privée d'emploi, mourrait. Jeune, je suivais davantage un monde idéal. Depuis, j'ai repensé les valeurs du travail. La seconde fois, j'ai été frappé par ce système algérien, aussi népotique qu'exubérant dans l'ignorance, lorsqu'à la toute fin de ma construction, il a empêché l'ornement. Effectivement, je n'appréciais pas ce début de carrière au ministère. Bien que mon grand-père, un modèle, soit passé par ce même ministère, mon expérience n'a pas remporté autant de succès. Lorsque l'esprit de compétition n'est plus interfirme, mais plutôt intra-firme, avec un budget à se partager, la quête du pouvoir devient, rapidement, source de conflits intellectuels. J'ai mis un temps fou à comprendre les rouages de la fonction publique, s'apparentant très souvent, à un panier de crabes.

Je me souviens d'une chargée de cours, origi-naire du village, mais ayant grandi à Montréal. Elle était très impliquée auprès de ses étudiants, bien-veillante, avec une dizaine de bouquins à son actif, un doctorat et pourtant, incapable de se trouver un poste de professeure. Ou encore de professeure associée. Beaucoup d'autres professeurs, n'ayant écrit seulement que quelques articles, frôlant par-fois la vilénie intellectuelle, étaient cajolés par leurs facultés respectives. Tout cela parce qu'ils étaient conformes. Aucune force ne venait déséquilibrer leur pacte de mauvaise foi. Malheureusement, lors-qu'un esprit émerge, sans aucune perfidie et d'une probité éloquente, alors cet esprit les met face à leurs contradictions, face à leur ignorance com-mune. Ce n'est pas le seul exemple que j'ai, concer-nant la fonction publique. Cette intellectuelle, véri-table amie, m'a fait comprendre que pour prospé-rer, je devais être plus subtil. Passer même inaper-çu. Peu importe l'organisation, même dans un cercle amical ; une montée aux extrêmes doit toujours se faire finement. Une réussite trop visible, s'avérerait bien trop insaisissable pour certaines personnes, œuvrant dans un déni généralisé, dans une complaisance collective.

D'ailleurs, cette brillante chargée de cours m'a poétiquement et fermement écrit : « Ne les irrite pas avec tes connaissances. Ne les mets pas face à leurs ignorances. Ce n'est pas qu'ils prennent cela pour de l'arrogance, pas toi, mais ne leur fais jamais rappeler, à travers tes dires, parfois même ton éloquence, tout ce devoir de prestance, intellectuelle ou non, qui nous est incombé dès la naissance. » Jusque-là, je reliais ces problèmes organisationnels à un problème typiquement local, à notre culture kabyle, que je croyais très singulière. Ce jour-là, j'ai perçu la nature humaine très différemment : dans ma conception, cette chargée de cours était québécoise. Nous avions une relation amicale parce que j'avais déjà acquis trois de ses ouvrages. En fait, après les avoir lus, consécutivement, je lui ai écrit un courriel afin de la féliciter sur sa prestation écrite. Elle m'a répondu assez « honorée ». Par la suite, une réelle confiance amicale s'est établie entre nous deux. Je lui racontais les déboires universitaires de chez nous et elle m'apprenait l'histoire du Québec, de l'Algérie, de la France. Elle était historienne de formation.

Aussi, ce problème au ministère, était applicable partout sur la planète. Cette nature humaine, malfaisante, que je pensais locale, existait bel et bien ailleurs. Quand nous arrivons quelque part, avec des connaissances probantes, les gens ne vont pas toujours percevoir le bon côté. Ils vont essayer de vous désacraliser, de vous trouver une faille et de vous l'exhiber durablement, afin d'avoir pleine satisfaction. Mais ce qu'ils ne comprennent pas, c'est que la grâce, si elle nous est accordée, personne ne peut nous l'ôter. Son insubmersibilité est irrévocable.

Cette mauvaise lancée figurait parmi les bons signes qui, vraisemblablement, m'ont fait immigrer. J'ai entrepris mes démarches très rapidement. Certes, je savais que mon profil aurait été, aisément, accepté dans une université française. Mais je savais également qu'une relégation scolaire aurait été le prix à payer pour m'en sortir. Encore un coût de construction. Par conséquent, malgré un ingéniorat intéressant, j'ai postulé pour une troisième année de licence en mathématiques appliquées ; pourvu que je sorte de ce pays.

En résumé, deux événements m'ont poussé à immigrer. Le premier était le décès de mon grand-père qui, dramatiquement, exigeait beaucoup de recul sur moi-même ainsi qu'un nouveau départ. Le second relevait de cette mauvaise expérience professionnelle qui, après une longue réflexion, m'a, de nouveau, fait comprendre que le pays ne m'offrirait jamais de champ à labourer. Autrement dit, quand un événement douloureux est concomitant à une situation dégradée, le destin appelle à saisir sa chance autre part.

Sans oublier une situation sociale fortement déplaisante. Le décalage entre ma construction escomptée et l'offre sur place, s'avérait flagrant. Je discutais souvent de la question kabyle avec cette chargée de cours qui, selon moi, convergeait vers une désintégration culturelle, si rien ne se faisait. Accessoirement, grâce à nos échanges en Histoire, en sciences politiques, je suis devenu sensible aux questions québécoises. Même devenu sensible, si j'ose écrire, aux questions hongkongaises et catalanes. Parfois, je deviens également sensible aux questions écossaises. Sensibilités sûrement dues à ces vingt-sept années passées en Kabylie. En fait, mes sensibilités identitaires sont fourmillantes ; leur énumération serait bien trop pesante. A partir du moment où nous avons une terre, composée d'une culture dominante ainsi que d'une ou bien de plusieurs cultures dominées, ma crainte d'absorption s'amplifie. Or, je hais les indifférents qui n'en mesurent pas la gravité. La perte de ces valeurs kabyles, imprégnées de gênes abrahamiques, agrégées autour d'un noyau purement nord-africain, bâties sur plusieurs siècles, serait un coup de massue abominable. J'espère que certaines d'entre elles, insubmersibles, continueront à servir de marches, dans ce chemin tout tracé de l'intégrité.

Mais nous sommes tous différents. Je comprends parfaitement celles ou ceux qui ne s'en préoccupent pas. Qui ignorent tout de l'immense richesse immatérielle linguistique. Ce désir profond de préserver la langue est difficilement transmissible, il faut vivre avec l'héritage ferryniste, le franquisme ou encore le boumediénisme, afin d'en mesurer l'importance. Il faut vivre dans un État où les dirigeants, afin de légitimer leur position privilégiée, dictent les règles à suivre ; parmi elles, la soumission totale d'une langue millénaire qui, du jour au lendemain, se voit marginalisée, profanée et par conséquent, menée à une annihilation absolue.

La Kabylie n'est pas un État fédéré. Ce n'est qu'une simple région, sans aucun statut particulier, soumise à un État jacobin ainsi qu'à une culture dominante. J'avais cette boulimie linguistique. Je trouvais que le polyglottisme était une richesse singularisante et gratifiante. Je ne supportais pas la désintégration ; toutes les langues s'égalaient à mes yeux. Longtemps, je cherchais à comprendre d'où me venait cette sensibilité culturelle ? Étaient-ce les nombreux récits que j'ai lus sur le Québec ? Ou peut-être sur les revendications catalanes ?

Voyez-vous, moi Ahcène, qui chérissais autant cette langue berbère, que d'autres, gangrenés par un jacobinisme, espèrent à ce jour annihiler, je ne supportais plus l'idée qu'une seule langue définisse l'unité nationale. Quand je vois qu'en France, pays centralisateur, les langues régionales ont quasiment disparu, je me pose souvent des questions, sur le long terme, quant aux mécanismes jacobins. La révolution, une fois enclenchée, si elle se veut purement inclusive, ne doit surtout pas embrasser les idées jacobines. J'ai bien peur que ma Kabylie natale, nantie en coutumes, en histoires et en belles paroles, soit un jour, sujette au déclin culturel.

Très fièrement, l'oppression religieuse, panarabique, dictatoriale, voire sociale, lorsque la culture dominante est chaperonnée, n'ont pas réussi à me faire haïr ces valeurs ancestrales, forgées avec ardeur et qui, malgré tous ces divers jougs étatiques, coulent encore avec ferveur. De surcroît, j'ai réussi d'une part, à aimer davantage notre patrimoine et puis, d'autre part, je me suis mis à développer cette sensibilité culturelle qui, aujourd'hui, s'avère plus que couronnée dans mes relations humaines. Aussi, les bâtisseurs de cette déconstruction identitaire se sont trompés. S'ils ont pensé, ne serait-ce qu'une seule seconde, pouvoir putréfier notre affection pour la culture kabyle, alors leurs intentions malsaines sont vaines. Bien au contraire, notre amour de la région s'est affermi. Et notre humanisme, davantage encore.

Je n'ai jamais voulu faire de plaidoyer qui, de toute manière, serait inefficace dans un pays comme le mien. Aujourd'hui, seules deux solutions sont envisageables, mais toutefois, affreusement regrettables. Sauf pour la première. Tout d'abord, une fédéralisation complète du territoire. Solution optimale, inclusive et très novatrice ; en effet, elle a fait ses preuves dans bon nombre de pays. Elle permettrait de régler ce problème identitaire, de faire en sorte que l'enseignement soit, dans ma région natale ainsi que dans toutes les régions, en concordance avec les valeurs locales. Enfin, l'autre solution, beaucoup plus radicale, serait une sortie complète du territoire. Certes, cette indépendance présentera un coût dommageable sur plusieurs générations. Mais est-il moindre, que le coût actuel de la dépendance, plutôt linguistique, qui va aux dépens de notre culture ? Pourvu que le premier scénario soit envisagé.

Lorsque des valeurs et des langues, d'une région à l'autre, sont considérablement divergentes, alors une architecture uniculturelle, centralisée, caporalisée, visant à créer une unité nationale, abstraite, souvent fictive, sera toujours soumise à des tensions identitaires. S'il n'y a pas de tension, de répartie populaire, l'absorption est irrévocable. N'oublions pas que notre langue est avant tout une richesse immatérielle. Honnêtement, j'aurais tant aimé, parfois, être déshérité. Cela m'aurait évité cette souffrance perpétuelle ; cette crainte de perdre une chose qui m'est si chère. J'aurais aimé naître dépourvu de fierté, de bon sens et de responsabilité. Parfois, mieux vaut être manant, sans aucune crainte de déchéance, plutôt que seigneur et mourir déchu.

Je me souviens de ce fou du village, très respecté, très écouté et que nous essayions souvent de réintégrer dans la foule en raison de sa sagesse stupéfiante. Mais non, il se marginalisait et se remarginalisait lui-même. Mon père me disait que, contrairement aux idées reçues, il était normal. Bien au contraire, le reste du village, lui seul, basculait dans la déraison. Tout souriant, il m'a un jour dit :

— Sache que je suis beaucoup plus heureux que
vous tous.

— Comment ça ? Tu n'as pas vraiment de patrimoine, en quoi serais-tu plus heureux que moi ?

— Vois-tu, quand tu te réveilles le matin, tu es
préoccupé, tu cherches à te surpasser davantage, à faire mieux que tes aïeux, à remplir votre
frigo, à vérifier si tes petits frères ont fait leurs
devoirs scolaires. Est-ce vrai ?

— Oui bien sûr. Nous avons tous des responsabilités.

— Eh ben vois-tu, je n'ai aucune responsabilité.
J'aime ça oui ! Et comme je n'ai aucune préoccupation, aucun souci, alors, je suis plus heureux que toi et que vous tous.

— Ah ouais ! T'es génial. Je dois t'avouer que t'as
entièrement raison quelque part.

Sa sagesse était particulière. Elle me plaisait
bien. De plus, j'aimais ses bénédictions, très sin-
cères, tel un père catholique à nos côtés. Nous nous
sentions toujours de bonne humeur. Un bon gars !
Il m'arrive de penser que son statut est un privi-
lège. Aucun ego, aucune préoccupation politique,
aucune soif de pouvoir, aucune avidité financière,
aucune envie de séduire et aucune autre déraison
propre à l'homme. Pour ma part, il me fait rappeler
qu'à la fin du roman, nous n'emporterons rien.

Chapitre 4

Mon imaginaire était puissant. Toute ma jeunesse, Paris, ville féerique, m'était mythifiée par mes lectures, un ou deux films de Belmondo, ainsi que par un ou deux anciens du village. Eux-mêmes, ayant longtemps travaillé, habité et tant appris, dans cette capitale. Leurs apprentissages nous étaient partagés chaque été. Parfois même, un peu trop romancés. Nous les envions tellement. Chacun de leurs dires venait renforcer cet imaginaire, ancré en nous depuis qu'un certain colonisateur, souffrant d'une avidité capitalistique accrue, est venu nous faire croire qu'il était, intrinsèquement, supérieur. Je le disais souvent, que mon immigration était postcoloniale, avant d'être économique ou sociale.

J'ai une admiration pour ces premiers immigrés, partis, après la guerre, sans tellement maîtriser la langue française. Le chef de famille, à l'époque, envoyait toujours le plus débrouillard de ses garçons à l'étranger ; rien n'était laissé au hasard, la débrouillardise était jugée. J'ai encore plus d'admiration pour certains d'entre eux, montagnards et qui, malgré leurs complexes, tant physiques que linguistiques, réussissaient à envoyer de l'argent au pays. L'un d'entre eux, un jour, après avoir reçu son salaire, est allé le poster dans une boîte aux lettres jaune en ajoutant à cette dernière : « Tu donneras ça à ma femme. » Leur départ s'arrimait à valeur ajoutée. Aujourd'hui, malheureusement, certains de leurs petits-enfants, oublient ces sacrifices, n'apportent aucune valeur ajoutée à leur existence et osent ternir une image qui, pour une majorité, a été construite à partir de larmes, de sueur et de sang. Les usines s'en souviennent, les coups de grisou retentissent encore pour de nombreuses familles.

Au village, quelques immigrés étaient devenus de réelles célébrités. Petits, nous les adulions. De réelles légendes, majoritairement inventées, ont été construites autour de beaucoup d'entre eux. Tandis que d'autres encore, de manière très désolante, faisaient l'objet de moqueries. Je me mets à la place de cet homme, arrivé en 1962, ne connaissant rien de la langue française. Ajoutons à cela un physique peu attirant. Imaginez, revoir son épouse tous les cinq ans, mais sans avoir cette possibilité d'assouvir ses besoins auprès des jeunes « Françaises civilisées » de l'époque. Imaginez encore, ce personnage, toujours originaire de mon village, passant son temps à chanter dans les usines. Un jour, son contremaître lui a dit méchamment et de manière très autoritaire : « Tu arrêtes maintenant ? Au boulot ! » Et soudain, lâchant sa pelle : « Chante pas, travaille pas ! » Enfin, imaginez ce cousin qui avait la même moustache que Charlie Chaplin. Ou plutôt, qu'Adolph Hitler. Mais, ce qu'il faut souligner, c'est qu'il n'avait aucune connaissance historique. Il faisait les marchés dans le vingtième et un jour, son grossiste, aux Halles de Paris, de confession juive, a confirmé ce manque académique. Je pense qu'il lui arrivait simplement de voir des photos d'Hitler. Ainsi, en allant chercher sa marchandise de la semaine, son grossiste lui a dit : « Belle mine ! Comme d'habitude. Moustache toujours bien entretenue. » Mon cousin, fièrement, a rétorqué avec candeur : « Oui, c'est comme Hitler. » Avec un rire si innocent. En même temps, la colonisation, ou plutôt la ségrégation de l'époque, ne lui avait pas permis de rejoindre les bancs de l'école.

Je pourrais vous en raconter de belles sur ce cousin. Lorsqu'il faisait le marché au Boulevard de Charonne, il avait un client régulier qui se prénommait Paul. Il l'appelait « Monsieur Poule ». Une fois, l'épouse de ce fameux Paul s'est rendue au stand. Mon cousin l'a interpellée : « Et Monsieur Poule ? Ça va ? » Après un long fou rire, elle a répondu : « Jusqu'à preuve du contraire, avec moi, c'est plus un coq qu'une poule. » Je pense qu'à ce jour, mon cousin n'a pas compris la réelle signification de la phrase. En réalité, comme je le répète, j'ai une vraie admiration pour ces gens. Très courageux. Au moins, ils ont apporté, répétons-le, une valeur ajoutée. Et puis, en relativisant, ils étaient des pionniers, des premiers de cordée. Ils refusaient la nationalité française ainsi que l'achat d'un bien immobilier par fierté. Dans leur conception, cela aurait été une forme d'allégeance à la France ; ils auraient été considérés comme des *harkis* par l'opinion sociale de chez nous. Pour celles et ceux qui, subtilement, ont su comprendre leurs histoires, comment ne pas exprimer de la sympathie aujourd'hui ? Comment ne pas leur rendre hommage ? Finalement, leurs erreurs, inconsciemment commises, peuvent être analysées de nos jours, pour ne pas les reproduire. L'erreur est pardonnable. Sauf quand nous reproduisons la même. Tout compte fait, ils restent remarquables. Ils ont roulé leurs bosses irréprochablement.

Ces histoires m'ont inspiré quand est venu mon tour. En effet, l'histoire se répète ; la vie est faite de régularités. J'étais dans le même sac. À mon tour de conquérir la France. Peut-être que si les Britanniques étaient venus en 1830, notre système bureaucratique, fonctionnerait entièrement en anglais. D'ailleurs, dans ce monde globalisé, j'aurais sûrement eu plus d'opportunités corporatives. J'aurais rejoint Londres, New York ou Toronto. Les anglophones ont toujours eu une finesse dans les affaires, un certain panache pour l'incertitude. Weber, à son époque déjà, faisait le lien entre valeurs protestantes et valeurs capitalistes. Aujourd'hui encore, les Anglo-américains restent très avant-gardistes par rapport aux Français. Mais, revenons à ma réalité, deux villes me tentaient : Paris et Montréal. Les signes m'ont fait comprendre que, dans ma situation, la proximité s'annonçait préférable. Certes, le Québec était très intéressant. Mon diplôme m'aurait facilité le départ. Sauf que, je ne connaissais personne, à part cette chargée de cours. Elle était sûrement mariée et notre construction amicale ne s'avérait pas parfaitement aboutie pour lui demander un hébergement de quelques mois. Ajoutons à cela la distance. J'ai donc choisi, comme mes aînés, Paris.

Pour ma part, mon immigration n'était qu'une suite logique. Honnêtement, mes quelques lectures marxiennes m'ont fait comprendre que je devais, impérativement, rejoindre un pays développé. N'avez-vous jamais vu d'immigré rationnel ? J'ai compris, assez hâtivement, n'en déplaise à certains, que mon pays natal, comme tant d'autres, devait sagement rester en voie de développement. Autrement dit, en périphérie. Il n'est pas dans l'intérêt du pays développé, jouissant de coûts de matières premières peu dispendieux, que nous nous développions subitement. Bien que, mon pays natal n'en soit pas le meilleur exemple, d'autres pays africains s'inclinent, bien plus tragiquement, face à ce joug néocolonial et occidental. De surcroît, je pensais qu'il m'était très probable de trouver un emploi convenable en France. En effet, les Français, diplômés, quittent le pays à cause des bas salaires et d'un contexte social ignorant le génie ; s'ils s'envolent tous, vers l'Amérique du Nord ou la Grande-Bretagne, peut-être qu'il reste de la place pour moi ?

Quand je me suis aperçu que l'Algérie n'avait plus rien à m'offrir, toutes mes démarches se sont, instantanément, accélérées. Certains bruits couraient qu'à Alger, les visas, pour étudiants notamment, étaient ralentis. Une fois le dossier remis, j'ai également employé une autre tentative, très illégale, que je déconseille à quiconque veut quitter le pays. En fait, il s'agissait d'un jeune trafiquant que je connaissais par l'intermédiaire d'un autre trafiquant voisin. Il avait monté tout un rouage lucratif, assez bien pensé d'ailleurs, avec d'autres trafiquants, afin d'envoyer des jeunes de chez nous vers Barcelone. En résumé, il mettait en place deux équipes de football, avec l'entraîneur, les médecins et quelques assistants. En faisant croire aux autorités frontalières que ces derniers se présentaient pour discuter une compétition sportive en Europe.

Au bout de quelques semaines, j'ai reçu un premier refus des autorités françaises. Parallèlement, je songeais à contacter ce drôle de personnage, fourbe, mais ingénieux. Quelque part, le dernier pseudo-médecin qu'il avait emmené à Barcelone, avec les membres de la pseudo-équipe de mineurs, n'arrivait même pas à serrer sa ceinture dans l'avion, en raison de son gros ventre. Vous vous en rendez compte un peu ? Un médecin. Je l'ai contacté et il a très gentiment accepté. J'avais mis de l'argent de côté. Chose facile puisqu'il s'agissait de mes salaires ; comme de nombreux Algériens, j'étais nourri et logé chez mes parents. Il m'a nommé *coach* sportif. M'annonçant, par ailleurs, un prochain départ dans sept semaines.

Ma famille, assez modeste dans l'ensemble, espérait constamment perpétuer les bons principes, tout en embrassant volontiers, les quelques avancées sociales, pour le moins congruentes. Respect parental éperdument sacralisé ; nous écoutions des histoires, écrites par nos aïeux, ou parfois inventées, avec cette crainte de décevoir, de ne pas faire mieux. Comme je l'ai souvent dit, souvenez-vous, avec une crainte de déchoir, de troubler notre irréprochabilité. Avec tous les moyens qui nous ont été donnés, essayez d'imaginer l'amertume qui en sortirait en cas d'échec. Mais parfois, nous avions des moments difficiles. L'honneur familial n'est qu'une façade, de temps en temps blasonnée, qui doit briller continuellement. Les tensions, comme dans toutes les familles, étaient bien présentes. Ne perdons jamais la face à l'extérieur. Mais, ne nous la voilons pas non plus, à l'intérieur. En réalité, la cause de nos maux était simplement générationnelle. Nous, jeunes aventuriers, parfaitement occidentalisés, refusons les schémas mentaux locaux. Entre une construction moderne et une construction traditionnelle, les questionnements sont quotidiens. Comment penser l'architecture ? Jusqu'au jour où j'ai préféré une base traditionnelle, avec une touche de modernité, plutôt qu'une base moderne, avec une touche traditionnelle.

Nos avis politiques et philosophiques divergeaient au sein d'une même famille. Avec un peu de recul, une famille inspire toujours dans les raisonnements inductifs. Raisonnements plus que fortifiants dans notre construction sociale. Il s'agit bien de la famille dans son ensemble ; les familles, chez nous, sont si nombreuses que les membres ne se connaissent pas tous. Il existe bien des gens dépourvus de bon sens. Est-ce que les identités remarquables sont à la portée visuelle de tous ? En analysant des cousins éloignés, des habitants du quartier ou du village, j'osais croire que ma formation familiale était ma plus grande école. Grâce aux enseignements de ma famille, j'apprenais à me comporter, à analyser les gens et à appliquer ces analyses à l'extérieur. Elle me permettait ce raisonnement inductif.

La construction familiale est une construction primaire ; les mécanismes sont transposables à tous les domaines. Par exemple, j'ai compris, avant que cette fameuse œuvre de La Boétie me soit offerte, le pouvoir que conférait la servitude volontaire : se soumettre aux exigences de l'aîné afin de mieux asservir le cadet. Certes, cela était un peu malicieux, voire enfantin, de ma part. Cependant, cela m'a permis de comprendre certains prêcheurs, pas tous, qui se soumettaient à une volonté religieuse afin de mieux asservir celles et ceux qui, consciemment ou inconsciemment, faisaient leurs dévotions. Selon moi, les mécanismes sont identiques, tout est transposable. Par ailleurs, j'avais des facilités à intégrer toutes les théories managériales puisqu'à chaque cours magistral, une forme de réminiscence refaisait surface. En effet, je voyais dans le fonctionnement d'une entreprise, les mêmes mécanismes employés à la maison. Où nous avons appris à ne pas trop divulguer. Quand l'irréprochabilité était menacée, nous préférions l'abstention afin d'apaiser nos relations ; nous méritons, dans certaines situations, mieux que la vérité. Toutefois, grâce à cela, j'ai surtout compris le laxisme volontaire de certaines institutions. Mêmes françaises, qui fermaient les yeux, sur des *fours* en banlieue, afin d'acheter la paix sociale et de faire tourner l'économie locale. Aussi, les péripéties familiales étaient mes fables à moi. À chacun sa propre architecture. À chacun son La Fontaine, à chacun son Rousseau, à chacun son Bourdieu et à chacun sa famille.

Ma famille, je trouvais en elle, toute la richesse nécessaire à mon bonheur. Je ne parle pas de richesse matérielle, mais plutôt de valeurs, constamment transmises et gardiennes d'une pérennité. Ces valeurs reflétées par mes frères et sœurs. À travers de longs parcours honorables. La famille est une force inébranlable. Bien qu'elle puisse être, fort malheureusement, sujette à quelques tensions, lorsque son ancre est solide, lourde et non provisoire, alors je signe, elle est insubmersible. Pourtant, je refuse que mon approche soit alignée aux idées nobiliaires qui ont, à mon grand regret, alimenté cette maudite domination humaine. Même dans ma région natale, la division, largement employée par l'Administration coloniale, corrode encore aujourd'hui nos schémas mentaux. La noblesse de chair n'a jamais existé ! Celles et ceux qui ont fait son apologie voulaient légitimer et perpétuer leurs différentes positions, évidemment, toujours privilégiées. Par conséquent, je préfère employer la noblesse d'esprit. Plus atteignable, plus équitable et d'une plus grande majesté. Cette noblesse d'esprit, léguée par des décennies de poésie, de littérature, de mœurs ancestrales, s'est avérée être un atout dans la poursuite d'un *Beruf*. Enfin, toujours optimiste, aux aguets de signes divins, j'attendais, comme bon nombre de compatriotes, un décloisonnement imminent. Je savais que ma vie, comprenant mon *Beruf*, serait incompatible en Algérie, avec ces *wanetoutristes* indifférents ; enivrés au sport afin de mieux omettre notre chère patrie, envenimée jusqu'à la racine. Le contexte nous a tous poussés à partir, malgré nos diplômes, notre noblesse d'esprit. Préférant être seconds à Rome plutôt que premiers dans nos villages.

Avant de m'envoler pour la capitale catalane, j'ai embrassé très chaleureusement ma mère. Je l'ai rassurée en la serrant fort dans mes bras. C'est une femme surprenante. Une orpheline qui a su redresser ses frères et sœurs. Malheureusement, ses parents ont été assassinés, sous ses yeux, durant la guerre. Une vraie fille de guerriers... J'ai vu, sur ses joues, des larmes de désespoir. Elle voulait que je reste. Mais je savais déjà que sa protection maternelle allait me manquer. Sans oublier ses talents culinaires. J'avais l'impression d'être un nourrisson à ses côtés. Je parle très souvent de la femme kabyle, en pleine splendeur ; c'est-à-dire, une femme courageuse qui se sacrifie pour ses enfants. Nous avons l'habitude de valoriser l'homme en oubliant le travail maternel. Ce sont les actes de ma mère qui me l'ont fait comprendre. Quant au père, d'une stature imposante à la surface, mais souffrant à l'intérieur, il m'a fait une simple bise. Bien sûr, il a prié pour que Dieu m'accorde sa grâce.

Enfin, je les saluais tous très rapidement en me mentant à moi-même. Tout le quartier regardait par la fenêtre. Dans un déni profond, je leur promettais de revenir d'ici quelques mois. Même si, je savais et ils le savaient, pertinemment, que c'était illusoire. Je préférais mentir, apaiser la situation et ne pas vivre avec ces images de gens en larmes ; ma mémoire les a toujours détestées. Je savais qu'il s'agissait d'une longue et nouvelle construction. Sur le coup, je l'avoue, j'ai fait preuve de courage. Je ne voulais en aucun cas attiser la douleur. En d'autres termes, leur laisser une image assombrie. Au contraire, je souhaitais leur montrer à quel point la nouvelle séquence me réjouissait.

Difficile de faire rejaillir ce sombre souvenir. Même dans mes moments les plus difficiles, lorsque le doute m'irritait, je repensais à ma famille. Dieu sait à quel point les séparations nous rendent tristes. Je me souviens très bien de mon envol...

Arrivés à Barcelone, l'équipe et moi avons pris un train en direction de Paris. La Catalogne me rappelait ma chère Kabylie. L'amitié créée durant le périple ne s'est pas dénouée une fois à la Gare de Lyon. Nous avions passé deux journées mémorables. Les contacts dûment échangés, nous nous sommes enfin séparés, avec beaucoup d'émotions. Parmi la bande, de nombreux jeunes mineurs qui, eux aussi, courageux, étaient venus amorcer leurs propres constructions. Le soir, je suis arrivé dans un Paris qui, tel un Rastignac des temps modernes, m'égayait. Petit, je voyais ces immigrés en ville et au village. Ils avaient tous bâti de très jolies maisons au pays. De belles voitures, des vêtements neufs, des baskets *Adidas*, *Nike* et surtout, cette fameuse paire de *Reebok Classic's*. Je les enviais, même si au fond de moi, je connaissais la vérité. Je savais que ce n'était pas l'essentiel. Leur transmission philosophique était essentielle. Pas le paraître matériel.

Pour la plupart, ils étaient exubérants. En tout cas à mes yeux. J'ai immigré avec l'idée de m'inspirer de leurs meilleures actions seulement. À mon âge, leur ostentation ne m'attrayait plus tellement. J'avais cette peur, très abrahamique, d'attirer le mauvais œil. Aujourd'hui, je remercie mon grand-père qui, à la fin de ses jours, m'a cité ce proverbe chinois : « L'homme riche, sans enfant, n'est pas riche. Et l'homme pauvre, avec enfants, n'est pas pauvre. » Ce proverbe pourrait être repensé ; l'immortalisation de l'âme passe, indéniablement, par une transmission intègre, à tous les proches. Les miens devront connaître l'héritage de mon grand-père ainsi que celui de mon père. En fait, dans le monde réel, les bonnes actions affermissent l'esprit et le corps. Outre-tombe, ces bonnes actions, ancrées chez nos proches, immortalisent l'âme. C'est la plus belle des richesses.

Telles étaient mes résolutions avant de quitter le pays : rester humble et construire discrètement à l'abri des regards. La sagesse, le courage, l'humanité, la bienfaisance, l'éloquence et l'aura, ne sont pas commerçables. Aussi, en quittant le pays, je comprenais que l'histoire se répétait. Nos immigrés, précurseurs, nous ont permis de tirer de nombreuses leçons. Leurs exploits étaient pour moi de réelles armes. Inspirants et tels des modèles mathématiques, applicables à toutes les situations puisque l'histoire, encore une fois, se répète.

Ma valise contenait bon nombre de ces valeurs. Enfin, en toute modestie, j'ai lutté toute ma vie pour les acquérir. Ces valeurs, assurément inculquées par nos anciens, difficilement quantifiables et entièrement partiales, font partie de cette construction. Elles permettent, après les avoir correctement assimilées, de voyager avec un bagage solide. Dès que j'ai aperçu mon oncle, impatient sur le quai, je me suis empressé de le serrer dans mes bras. Les bons souvenirs tombaient. Je repensais aux choses positives, à l'éducation donnée par mes parents, aux promenades que nous faisions mon grand-père et moi. En le voyant, j'ai immédiatement repensé à son père. Quelle ressemblance frappante ! Nous sommes allés en direction de la maison.

Toutefois, les premiers jours n'étaient pas agréables. Certes, j'avais le sentiment de faire le bon choix. Mais, en raison d'un doute grandissant, je restais cloué au lit avec ce sentiment de perdre quelque chose de grand. Le troisième jour, une fièvre s'est brutalement abattue sur moi. Au début, de minimes larmes ont coulé. Puis, le quatrième jour, elles sont devenues torrentielles. En somme, j'étais affreusement fébrile la première semaine. À trop repenser aux bons souvenirs, à cette identité bâtie de toute pièce, je voulais abandonner sans même avoir commencé. J'étais en contradiction totale avec l'esprit de conquérant que j'avais promu. Je ne m'étais pas rasé. Je sortais quelques fois marcher avec mon oncle qui, heureusement pour moi, me réconfortait grâce à sa bienveillance familiale. Les volets de ma chambre étaient fermés. Malgré la présence du téléphone, je n'appelais pas, préférant correspondre par messages. Ma voix était si triste que je ne voulais les affecter davantage. Mon visage était si blafard que je ne voulais les peiner en appel vidéo.

Quand soudain, mon oncle, de manière assez prompte, m'a ramené le téléphone. Me criant dessus : « C'est ta mère ! Réponds bon sang ! Ne sois pas si bête. » C'est vrai, c'était une bêtise de ma part. Et je m'en voudrai toute ma vie. Tout à coup, la raison reprenait le dessus. Je me suis souvenu de la mission. Comment ai-je fait pour être emporté par le doute ? Je m'en voudrai très longtemps. Nous, peuples méditerranéens, sommes très émotifs.

J'ai saisi le téléphone :

— Comment vas-tu Maman ?

— Et toi mon fils ? Pourquoi n'as-tu pas appelé ? Heureusement que ton oncle nous donne des nouvelles. Imagine un peu la peine que je me ferais s'il n'était pas là.

— Je m'en excuse vraiment. Mais je n'avais pas le moral. C'est bien plus dur que je ne le pensais.

— Bien plus dur ? Tu te fous de moi ! Pense un peu à ton grand-père, à tes cousins, à ton aïeul, qui ont débarqué en France peu après la guerre. Il n'y avait ni téléphone, ni *webcam*. Mon fils, c'est ton choix. Parfois, dans un tunnel, quand tu ne peux plus faire demi-tour, tu dois foncer. Peu importe, où le destin te mènera. Je t'aime et j'ai toujours eu confiance en toi. Arrête de douter !

— Mais...

— Arrête de douter ! Va te raser, va te laver le visage et fais le nécessaire ! Demain, je veux que tu appelles ton père, que tu fasses un selfie dehors pour me montrer que tu sors. Les jours passent vite. Tu te trouveras un travail honorable, à l'abri de tout, bien rémunéré pour être souverain. Et comme je te l'ai déjà dit, je te le répète, je suis fier de toi.

— Merci pour tout ! Merci pour ces belles paroles.

Aussitôt, je me suis levé ! J'étais très heureux. Tellement content d'avoir entendu cette voix, la sagesse de ma mère. J'ai retrouvé ma vigueur. Cet appel m'a fait le plus grand bien et m'a fait, subsidiairement, davantage comprendre les forces de l'esprit. J'avais seulement besoin d'un encouragement. Ainsi, la vie a repris son cours. Le lendemain, je les ai rappelés, mais surtout, rassurés. Je leur ai dit que tout se déroulait comme prévu, et que, dans la semaine, j'enverrais mes premiers *Curriculum Vitae*.

Chapitre 5

Je cherchais donc un travail. Les journées passaient, toujours aucune réponse. Mes cousins, chevronnés dans le domaine de la fausse promesse, ne répondaient pas aux appels. Il est difficile de faire confiance de nos jours. Parfois, les étrangers sont bien plus aimables que la famille ; les cousins éloignés peuvent être détestables. Chaque famille est fondée par un seul membre. Au fil du temps, les familles tendent à se séparer. Au sein d'un foyer, plus les petits-enfants grandissent et plus les grands-parents verront, tristement, une séparation entre les enfants qu'ils ont mis au monde. Par conséquent, hormis ma très proche famille, je ne comptais pas tellement sur les gens portant le même nom que moi. Malheureusement, mon grand-père, afin de mieux résumer la concurrence familiale qui nous caractérisait, me répétait : « C'est la balle la plus proche qui tue. » Je cherchais juste un emploi afin de subvenir à mes besoins personnels, d'envoyer de l'argent au pays et accessoirement, d'avoir des fiches de paie pour légaliser ma situation. J'aurais accepté n'importe quel emploi. Pourvu que ce dernier réponde aux objectifs fixés.

Mon cher Oncle, que je croyais perfide auparavant, m'a proposé de m'offrir un costume : « Tu verras, tu maximiseras tes chances avec ça. » Il m'a emmené Avenue de Flandre, chez son ami de longue date, Monsieur Haddad. Mon oncle, électricien, lui faisait des installations un certain temps. Nous sommes entrés, très bien accueillis, avec deux bons cafés et nous avons brièvement fait connaissance. Les présentations terminées, j'ai essayé un costume. Une marque bon marché que je ne connaissais pas. La vendeuse, Léa, m'a choisi un gris clair. Je lui ai demandé : « Mais pourquoi cette couleur ? » Pleine d'assurance, elle a répondu : « Je vous vois bien dedans. » En effet, elle avait raison. Le costume m'a plu dès que je l'ai aperçu du coin de l'œil. Elle a pris mes mesures. En outre, elle m'a même suggéré, pour l'ourlet, de laisser un petit centimètre en plus, au cas où il remonterait avec le temps et les lavages. Enfin, nous avons procédé au paiement. Léa, très séduisante, m'a donné le ticket afin de récupérer mon nouveau costume. Elle l'a envoyé chez leur voisin turc qui s'occupait des retouches pour Monsieur Haddad. D'une voix enchanteresse, elle m'a dit : « Voilà, revenez dans deux jours. »

Quant à mon oncle, il a hâtivement convié Monsieur Haddad à prendre un autre café dans le bistrot d'en face. Acceptant volontiers, nous nous sommes installés autour d'une table. Par ailleurs, le propriétaire du bistrot était kabyle. Cela m'a fait un bien fou de retrouver l'ambiance-café que je connaissais au pays. Nous conversions pendant à peu près une heure. Je dois dire que Monsieur Haddad était, sur le moment, très impressionné par mon parcours. Ma chère modélisation mathématique l'intriguait. Nous avons fait le lien entre mathématiques et force divine. Il me posait même des questions sur la mécanique quantique. En fait, il est né à Constantine, comme un certain Cohen-Tannoudji pour qui, son admiration était sans égale. Quand je lui ai parlé de mon dernier voyage à Constantine, il s'est discrètement ému. Par la suite, il s'est levé pour régler l'addition tout en nous remerciant pour les bons mots échangés. Je lui ai dit que je repasserai dans deux jours afin de récupérer le costume. Il m'a répondu, cette fois-ci, d'une voix éraillée : « Avec plaisir mon garçon. »

Deux jours après, je suis retourné chez lui. Léa m'a passé le costume, dans une housse noire, tout en m'ajoutant : « Mabrouk ! » Monsieur Haddad m'a ordonné de passer rapidement dans son bureau. Je pensais qu'il voulait me montrer quelques photos de Constantine. Ou bien, celles qu'il avait faites dans la loge d'Enrico Macias à l'Olympia. Mais, il avait autre chose en tête :

— Écoute ! Tu m'as beaucoup plu. Je cherche un vendeur. Si t'es intéressé bien sûr, tu n'as qu'à me donner tes disponibilités ! Et envoie-moi ton CV.

— Oui, bien sûr, avec plaisir ! Je l'ai présentement sur mon cellulaire. Je peux vous l'envoyer tout de suite.

Il s'est mis à rire en me montrant son téléphone : une antiquité à clapet. Je n'avais pas vu cela depuis le lycée.

— Tu n'as même pas besoin de faire une journée d'essai. Tu viens demain, avec ton costume et tu débutes. Nous ouvrons à 10h. Tu n'as qu'à passer vers 9h30 pour que je te donne les directives. Juste, ne sois pas en retard.

— Je vous remercie Monsieur ! Je ne serai pas retard.

J'ai pris le métro pour rentrer à la maison. Je sursautais de joie. Moi qui angoissais à l'idée de ne pas trouver d'emploi. J'en avais un ! Et par le pur fruit du hasard. Toutefois, connaissant mon oncle, ce n'était pas le fruit du hasard. Comme quoi, chaque jour est gage d'un nouvel apprentissage. Sournoisement, l'idée de m'acheter un costume n'était qu'opération séduction pour me trouver un emploi. Ce jour-là, son expérience s'est ajoutée à ma formation, à mes acquis. Je ne remercierai jamais assez mon oncle. Moi qui le croyais sournois et sans aucune préoccupation pour la famille. Il avait bien changé avec le temps. Son immigration, le poussant à être responsable, lui a permis de recorriger sa construction ; les imprévus étaient nombreux. L'immigration est une véritable école de la vie. En Algérie, il était irresponsable. Vasouillant à tout-va. Une fois, mon grand-père a acheté une belle Peugeot 505. Je me souviens de cette odeur de cuir rouge. Tous les enfants du quartier se précipitaient pour la toucher lorsque nous nous stationnions. Cet oncle, adepte d'électronique, a démonté toute la portière afin de comprendre comment les vitres électriques fonctionnaient. Le véhicule était diesel et Monsieur a mis un plein d'essence. En bref, toutes ces catastrophes, avant qu'il ne parte en France, m'ont laissé perplexe à son égard. J'ai constaté, pour le plus grand bonheur de la famille, qu'il avait évolué favorablement. Parce que nous pouvons également évoluer défavorablement.

Le lendemain, je me suis rendu chez Monsieur Haddad. Il était neuf heures du matin. Sur moi, rien de spécial. À part le costume acheté à la boutique ainsi qu'une vieille paire de mocassins marron presque déteintes. C'était le mois d'octobre. A quelques pas seulement de la boutique, j'ai craché mon tabac soigneusement prisé. Je me regardais plusieurs fois dans les rétroviseurs des voitures stationnées. Je me redressais tous les cinq pas. Je voulais absolument paraître robuste et entreprenant devant mon futur employeur. Monsieur Haddad était très brave. Il détenait l'affaire la plus florissante du quartier. Beaucoup de ses rivaux ont fermé en raison du commerce électronique tout de même. La sienne fonctionnait dans la mesure où certaines personnes avaient encore cette nostalgie de la petite adresse, du bouche-à-oreille communautaire, de l'essayage sur place ainsi que de la demi-mesure. Petit de taille. Lunettes rondes. Nous ne connaissions pas exactement son âge. Mais je savais qu'il était septuagénaire. Il a passé une bonne partie de son enfance en Algérie. Il avait, par ailleurs, un léger accent nord-africain, très séfarade. Il respectait vraiment ses employés. Le jeudi soir se terminait par sa tournée dans le bistrot d'à côté ; nous ouvrions jusqu'à midi seulement le vendredi. Il arrivait avant tout le monde au magasin. Il commençait chaque jour par fumer une bonne cigarette en écoutant de la musique orientale. Il ne jurait que par cette musique judéo-berbéro-arabe.

Monsieur Haddad m'a fait entrer dans le magasin de vêtements en mettant sa main sur mon épaule. Il m'a présenté ses quatre employés. Il y avait son fils David, à la caisse. Un très beau garçon. Parfois un peu lent dans sa manière de parler ; d'où, sa position en caisse pour ne faire aucune d'erreur de calcul. Dans l'arrière-boutique, il y avait Rachid, un Oranais, ainsi que Toufik, un Algérois. Enfin, il m'a présenté la vendeuse Léa ; celle qui m'a vendu mon premier costume. Une très belle fille. Je ne le répète pas assez souvent. Elle était licenciée en sociologie, mais préférait la vente. Encore que, réellement, la sociologie faisait d'elle une grande vendeuse puisqu'elle savait parfaitement catégoriser les clients et anticiper leurs besoins. Je l'ai compris par la suite. Elle bouquinait à chaque pause. Cultivée. Très bien éduquée. Elle subornait tous les travailleurs du quartier. Même moi, je n'osais pas tellement la regarder dans les yeux. Je me sentais vraiment modique. Elle rendait tous les clients célibataires dolents. Et pas que les célibataires. Ils souffraient tous. Surtout à la pause du midi lorsqu'elle sortait fumer sa cigarette. Un restaurateur, en face, allait chaque jour lui demander du feu, seulement pour lui parler. Il ne fumait même pas ! C'était la seule fille du magasin. Nous étions comme de vieilles épines, toutes abominées, autour d'une rose.

Je voyais Léa comme un moteur, poussant les hommes à être séduisants, à la hauteur. Malgré un fugace manque d'argent, j'essayais, quand même, de suivre les codes des employés. Je me parfumais avec du déodorant. Je mettais un peu de gel. Je repassais le peu de vêtements que j'avais en les posant sous mon matelas. Quelle idée... A la fin de chaque journée, en sortant, Monsieur Haddad m'appelait toujours de son Range Rover, en face de la boutique. Souriait et disait : « Ce n'était pas trop mal mon fils, tu apprends très vite, continue sur cette lancée. »

La nuit tombée, je prenais le chemin du domicile, abiotique pour certains, mais tellement confortable pour un sans-papiers. Sans oublier de saluer les collègues. Je n'habitais pas très loin de la Porte de Montreuil. Une fois chez mon oncle, j'enlevais ma broigne moderne et me détendais quelques instants. Après un bon café, je sortais toujours rejoindre d'autres Kabyles vers Nation. Pudiquement, je ne buvais pas d'alcool, voire très peu. Parfois, j'en profitais pour aller à la buanderie, et ce, même si mon oncle avait une machine à laver. Je ne voulais en aucun cas paraître lourd et dérangeant vis-à-vis de lui. D'ailleurs, je ne rentrais qu'à l'heure du dîner afin de ne surtout pas le déranger. En somme, ma vie parisienne était opposée à ma vie tizi-ouzienne. Une situation éperdument dégradée. Les films de Charlie Chaplin me rappelaient la mission que je m'étais fixée. En effet, malgré son précariat, j'appréciais ses efforts pour manifester un peu d'élégance. Incontestablement, l'élégance, surtout dans un contexte funeste, montre que la personne n'abandonne pas. C'est un véritable signe de perspicacité.

Rappelons que les premiers jours, après mon arrivée, je ne me reconnaissais même plus devant la glace. J'avais perdu sept kilos. Je n'arrivais plus à manger. J'évitais, de surcroît, de trop me montrer par peur de recevoir quelques commentaires désobligeants sur ma perte de poids. Les premiers temps, je dialoguais avec mes frères en leur affirmant, en leur jurant à chaque appel, que je ne possédais pas de *webcam,* alors que j'étais en possession d'un ordinateur portable bel et bien équipé. Je ne voulais vraiment pas apeurer celles et ceux qui m'étaient chers par rapport à l'indigence morale qui m'emportait. Surtout avec une grand-mère diabétique. Parfois, momentanément, le mensonge est bénin s'il permet d'éviter que la personne se fasse du mauvais sang. Il est rattrapable tandis que la santé, une fois affectée, précipite la personne dans une profondeur insondable. Heureusement pour moi, tout s'est brusquement accéléré. Tel un processus stochastique auto-excité, tout se déverrouillait grâce à cet emploi. Fini la tête d'inguérissable.

N'ayant pas les moyens de me vêtir chez Monsieur Haddad, j'avais l'habitude d'acheter mes chemises et costumes dans une friperie. Quelques fois au marché aux puces de Montreuil, toujours dans un stand de vêtements d'occasion. L'objectif était de passer inaperçu. Tous les collègues pensaient qu'ils étaient achetés à un prix excessif en magasin. Ajoutons à cela une touche de bonne humeur. Le contexte, merveilleux pour un sans-papiers, était euphorisant. Qui aurait pu espérer mieux ? Cette bonne humeur s'amplifiait lorsque les journées étaient ensoleillées. Et s'amplifiait davantage le vendredi, à midi, après la fermeture du magasin. La fin de semaine rimait avec repos, appels et football. Des amis, majoritairement rencontrés lors du départ vers Barcelone, organisaient des matchs au stade Louis-Lumière à Porte de Bagnolet.

Une autre matinée, mon réveil a sonné à sept heures. J'ai fait ma toilette, je me suis rasé, peigné et habillé encore plus soigneusement. J'allais chez le coiffeur une fois par mois, à Strasbourg St-Denis, chez des Pakistanais ou des Afghans, en raison de mon manque de moyens. Chaque matin était un moment musical. La maison sentait, comme à son habitude, le savon de Marseille, le café d'une presse italienne ainsi que l'eau de Javel. J'ai souhaité une excellente journée à mon oncle et j'ai pris la direction du métro. Sur le chemin, à cause de la quantité de café ingurgitée, je voulais aller aux toilettes publiques. Un sans domicile fixe m'a devancé. Je lui ai poliment demandé s'il faisait la file et il m'a répondu : « Oui, mais comme vous allez au travail, passez devant moi. » C'était le genre d'amabilités qui me faisait passer une bonne journée. Le genre d'humanisme qui redonnait de l'espoir. Je lui ai apporté du savon ainsi qu'une serviette le lendemain. Il devait sûrement aller aux bains-douches de la rue des Haies. Souvent ivre, il me répétait : « Ça va toi ? T'as vu dans quel état nous mettent les femmes ? » J'explosais toujours de rires.

Pauvre Maurice. Je ne connaissais pas sa vie pour savoir si, ce qu'il racontait était vrai, ou s'il délirait. Néanmoins, tomber dans la folie suite à une mauvaise expérience amoureuse n'était pas improbable. Qu'en dites-vous ? Fréquemment, nous nous demandons, ce qu'est un amoureux ? Est-ce un condamné ? Est-ce un individu qui vit en fonction de celle qu'il aime ? Est-ce un déraisonné ? Je pense que oui. À maintes reprises, comme vous tous, j'ai vécu ce sentiment, cette douleur insupportable dans le ventre. Un mal inguérissable, incompris, même par les sciences occultes. Un esprit maléfique, un succube endormi, qui rechigne. Tous les maux terrestres s'abattent soudainement. Même si, pour de nombreux cas, la personne attirante n'est pas forcément surprenante. Il m'est arrivé d'être, dans ma jeunesse, la seule personne intéressée par une fille. Pour ma part, cette souffrance n'a pas lieu d'être. Je l'ai dit à Maurice. Tant qu'il n'y a pas de réciprocité immédiate, pourquoi se faire de la bile ? En quoi la valeur de la fille serait-elle supérieure à la mienne ? Et si elle est incontestablement supérieure, alors il ne peut y avoir de réciprocité. Autant attendre, espérer et décrypter les signes qui justifieront la similarité de deux futures constructions.

Cet état d'esprit, d'un brin stoïque, est dû à une mauvaise expérience. En d'autres mots, dans ma construction, il y a eu cet imprévu qui, aujourd'hui, me permet de prendre plus de recul face à ce genre de situations. En fait, je connaissais une fille qui éprouvait également des sentiments. C'était flagrant. Dès qu'elle en voyait une autre, à mes côtés, sa jalousie s'évaporait. Toutefois, elle était rongée par la fierté. Elle s'attendait sûrement à ce que je fasse le premier pas alors j'avais peur de me tromper. Et si elle n'était pas la bonne personne ? Parallèlement, j'avais peur d'un refus et incidemment, d'une image détériorée. D'un côté, cette expérience m'a bloqué. D'un autre côté, elle m'a appris à patienter. Or, Dieu sait que la patience, après le labourage, précède la récolte. C'est vrai, en attendant tout ce temps, sans même, à la fin lui annoncer, j'ai appris à patienter, à surseoir tout en espérant une situation améliorée. La situation de Maurice n'était pas totalement absurde. Peut-être qu'il n'a pas, justement, eu un accompagnement philosophique ; permettant ainsi d'analyser une situation, d'en juger la valeur ajoutée et de ne pas se sous-estimer.

Enfin, je suis arrivé, bien en avance, à la boutique. J'en ai profité pour saluer les commerçants voisins. Chose que je faisais en Algérie. La renommée et la notabilité sont primordiales dans les affaires. Si le vendeur est désagréable, le client ne peut être attiré par la boutique. L'affaire de Monsieur Haddad était fructueuse ; une insatisfaction de la clientèle serait dommageable. En arrivant, il était en train de passer ses commandes pour la quinzaine à venir. Il contactait des fournisseurs à Aubervilliers, issus de la communauté asiatique ou alors, directement des fournisseurs italiens de costumes. Léa a débarqué en Mini Cooper. Tout en noir avec une jolie paire de bottines. J'adorais. Elle nous a fait la bise à tous et rebelote pour une journée intensive. Très efficaces sur le terrain. Toufik et Rachid avaient réceptionné la marchandise de la journée et triaient le tout.

Je parlais de tout et de rien avec Léa. J'adorais ses deux grains de beauté. Elle ressemblait à une adalie. Nous déjeunions ensemble en début d'après-midi. En effet, de nombreux cadres venaient sur l'heure du déjeuner. Le créneau était affreusement chargé. Je me souviens de cette conversation sur le sida. Rachid s'est joint à la discussion malgré un léger manque de vocabulaire en français. Léa a dit : « J'avais un voisin séropositif, malheureusement décédé. » Et Rachid a immédiatement répliqué : « Moi aussi, mon voisin est mort. » Peinée, Léa a répondu : « Ah oui, toutes mes condoléances à la famille. Il était séropositif ? » Rachid, avec ses lunettes de vue, a crié : « Ah non, c'était un Portugais ! » Notre fou rire, à Léa et moi, devenait incontrôlable. Il ne connaissait juste pas le mot. Une autre fois, toujours avec Léa, nous parlions de l'Algérie. Elle s'est indignée en me disant que le pays était dans un état critique. J'ai dit qu'il s'agissait donc d'un état d'urgence sous toutes ses formes. Rachid a commenté : « C'est même un état d'ivresse ! »

Sacré Rachid. Je l'appréciais parce que malgré tout, il était altruiste avec nous tous. Le cœur sur la main. Il me ramenait souvent du couscous au déjeuner. Il aimait le digestif et un jour, au lieu de dire « *Four Roses* », il m'a dit « Fairuz », nom d'artiste d'une chanteuse libanaise. Monsieur Haddad vendait des costumes en fin de semaine au marché de Montreuil et Rachid gérait le stand. En tant qu'arabophone, la communication était plus facile. Mais surtout, la négociation avec certains clients qui, ne connaissant pas la qualité des produits, poussaient la négociation jusqu'à atteindre des remises excessives. Rachid savait dire non sans aucun état d'âme. Toufik, quant à lui, était beaucoup plus timide. Il s'occupait plus des livraisons et faisait des allers-retours entre la boutique et le mini-entrepôt de Monsieur Haddad, à Pantin. De plus, une autre anecdote m'a bien fait marrer, sur ce Rachid. De nationalité française, mais ayant grandi en Algérie, il a passé un concours afin d'intégrer la police nationale. Lors de l'entretien, le policier lui a posé la question suivante : « Quand vous avez du temps libre, où est-ce que vous traînez ? » Rachid, très spontanément, lui a cité tous les plus beaux quartiers de Paris, mais sans comprendre le piège de la question, visant à catégoriser son vocabulaire. Je crois qu'à ce jour, il n'a toujours pas compris le piège. En résumé, l'ambiance était inlassable.

J'apprenais professionnellement de Léa qui, malgré une apparence chétive, dégageait un charisme extraordinaire. À cela s'ajoutait une ambition débordante. Elle m'a enseigné les rouages de la vente en seulement quelques jours. Au début, par exemple, je faisais en sorte que mon service soit rapide. Évidemment, la pause déjeuner engendrait un afflux de cadres, travaillant pour la plupart, aux alentours de la Porte d'Aubervilliers. Léa m'a corrigé de manière très pédagogique : « Laisse faire la file. Si tu réduis la file, les passants ne seront plus intrigués par notre offre. Laisse ton esprit cartésien de côté. Prends ton temps, le client sera satisfait et les passants attirés. Tu n'as qu'à t'intéresser au concept de preuve sociale. » Il suffit de rencontrer les bonnes personnes pour gagner en expérience. Un autre jour, elle m'a annoncé ses projets futurs. J'ai eu beaucoup de mal à concevoir la véritable stratège en elle. Elle m'a chuchoté très sereinement : « Bientôt, j'ouvrirai ma propre boutique. Puis une autre et encore une autre. Je créerai de l'emploi afin d'avoir des allégements fiscaux. En fait, l'État me paiera pour créer de l'emploi car mes employés paieront des impôts. » Certes, je dois avouer que le cynisme la définissait bien. Mais, je lui trouvais énormément de classe. En même temps, il s'agissait du monde réel. Pourquoi un tel déni ? Pourquoi le déconstruire ? Les règles du jeu étaient fixées. Si Léa passait son temps à vouloir les modifier, alors les joueurs, restant sur le terrain, auraient continué et gagné la partie. Et il m'arrive de me demander, si les joueurs ne se réjouissent pas que d'autres joueurs contestent, afin de se laisser une plus grande répartition des points ?

Cette situation professionnelle me rendait incroyablement occupé. Que demander de plus ? Si ce n'est que de bien employer son temps. Pour reprendre Bachelard, le temps dure qu'en inventant. Seules la créativité et la force de volonté permettent de garantir une remarquable employabilité du temps. Je savais qu'elle ne valait nullement une situation d'ingénieur et qu'elle m'éloignait des mathématiques. Cependant, je relativisais parce que d'autres personnes, sans-papiers, ne travaillaient même pas. Dès que l'obscurité morale germait, je la réfutais en pensant à cette situation partiellement privilégiée. D'autres immigrés ne font pas la différence entre les jours et les nuits. D'autres immigrés vivent une décadence interminable. Ma gratitude, à l'égard de Monsieur Haddad, grandissait à chaque fois que j'en voyais un. Je priais, sans même leur dire, afin que leur déverrouillage soit imminent. Pourvu que leur construction aboutisse vite.

Je constatais la situation de ces immigrés, quand le samedi, en fin de journée, il m'arrivait de me rendre rue d'Avron. *Shabbat* du patron oblige, c'était un jour de repos que j'attendais hâtivement. Là-bas, je prenais un café, de préférence au comptoir, parfois une boisson gazeuse, tout en discutant avec le propriétaire. Peu d'alcool tant que je vivais chez mon oncle. En fait, le propriétaire était un ancien du village. Même si je n'ai pas grandi au village, je connaissais son histoire. Nous parlions du pays, de ses grandes tendances économiques, politiques, mais surtout, de nos mœurs sociales, quelques fois expirantes. Sans toutefois oublier que nos discussions étaient, majoritairement, voire très majoritairement, des fariboles. Je tuais le temps. Le propriétaire du café, en réalité du fonds de commerce, était hautain avec les clients. Certains dormaient à l'étage, d'autres lui devaient de l'argent suite aux consommations et puis, d'autres encore, perpétuellement ivres, étaient en position intellectuelle de faiblesse. Aussi, connaissant son petit mépris pour les clients, il m'arrivait de le taquiner, de l'embarquer dans des discussions un peu trop poussées. Une fois, je lui ai parlé de ces trois niveaux de modélisation mathématique : la constante, la fonction et le processus. Pour ne pas perdre sa stature, il me faisait des signes affirmatifs de la tête. Quel personnage !

Enfin, j'appréciais tout de même les discussions sur notre société, profondément traditionaliste ; réprimandant certaines idées progressistes, pas toutes. De nouvelles idées, jusque-là, encore inconnues, nous ont été fortement essentielles. Qu'il s'agisse de développement scientifique, de savoir-vivre, de développement personnel, de probité intellectuelle et philosophique, sans énumérer encore de nombreux apports vertueux. Mais, somme toute, le progressisme n'est pas toujours vertueux ; une infection peut être progressiste. Ensuite, il appartient à chacun d'équilibrer entre les deux variables.

Trop de traditionalisme est un joug composé d'injustice immémoriale et de règles liberticides. Trop de progressisme est un relâchement accompagné de pertes d'intégrité et de souveraineté. En effet, le progressisme actuel a été pensé, pour converger vers le supranationalisme, l'unicité culturelle et le libéralisme sauvage. Une construction, si elle n'est pas souveraine, en raison des nombreux labourages ainsi que de la patience requise, est regrettable. Une culture bâtie sur de longs siècles, voire de longs millénaires, fondamentalement déracinée, est dommageable. Alors, effectivement, elle peut être repensée, améliorée, mais toucher à ses fondations, surtout lorsque ce sont des valeurs humanistes, s'avère saumâtre. Comment rester indifférent ? Osons croire que la plupart de ces valeurs seront insubmersibles.

L'humanité cherchera toujours à progresser. A refaire le monde. Si une génération n'apporte pas de valeur ajoutée, elle est oubliée dans les pages de l'Histoire. Néanmoins, est-ce qu'éviter que le monde, dans une logique camusienne, se défasse, est synonyme de rétrogradation ? Il faut souligner le caractère dichotomique de toute nouvelle valeur ajoutée, composée indéniablement de vainqueurs et de vaincus. Le progressisme social est la façon sournoise de dissimuler le véritable progrès de l'accumulation capitalistique. J'ai peur, très sincèrement, que de nouvelles vagues déracinent cette fois-ci, les dignes valeurs que j'ai aimées. Apprises et employées contre des contextes dégradés. Le contexte actuel scinde le monde en villes globalisées et périphériques. Je trouve que les valeurs humanistes sont abondantes en périphérie et épuisées dans les grandes villes. J'ai peur qu'une nouvelle vague, déjà amorcée, submerge les périphéries. Parallèlement, j'ai peur de voir les États perdre de leur pouvoir. Ces derniers, supplantés par des multinationales jouissant d'une justice privée ; osons dire que c'est une chose abominable puisqu'un système, dépourvu d'ordre, se désintègre et se transforme, automatiquement, en désordre affligeant. J'ai peur que cette insubmersibilité des valeurs que, longtemps j'ai prônée, ne soit qu'un mythe, un espoir illusoire. Puissent ces valeurs être réellement insubmersibles et présenter les attributs du phénix.

Au bout de quelques mois, l'acclimatation était totale. J'ai pris confiance en moi. Ma gratitude était toujours aussi immense. Franchement, je me rends compte du risque encouru par Monsieur Haddad. Au fond de moi, je sais qu'il ne m'a pas embauché parce que j'étais sans-papiers et parce que ma valeur économique était moindre. Ma personnalité lui plaisait. Le salaire était convenable, la cohésion de groupe amicale. J'osais même échanger d'égal à égal avec le patron. Je pouvais le remettre en cause à tout moment. À l'école, surtout dans les systèmes français, algériens, africains en général, la discipline pontificale mène à l'intimidation des professeurs envers les élèves. L'audace des élèves en prend un coup. Par conséquent, leur créativité en prend un autre. Chez Monsieur Haddad, nous pouvions apporter des suggestions, le contredire, le taquiner, mais à une condition : apporter de la valeur ajoutée.

Je discutais avec lui de mentorat cette journée-là. Il m'a dit : « Tu sais, je suis ton mentor, mais sache que je n'en ai pas eu. En plus, je n'ai pas étudié comme toi. Donc, j'ai perdu pas mal de temps à apprendre sur le terrain. J'aurais aimé avoir quelqu'un pour me montrer ou même me conseiller d'être plus consultatif. » Je prenais du plaisir parce qu'il se livrait très naturellement. Le genre de patrons ne dégageant aucune malice. Je lui ai répondu simplement n'avoir jamais compris l'histoire du mentor. Peut-être que cela est justement dû à ma construction, façonnée par l'École républicaine algérienne ainsi que par son intimidation professorale. En effet, je n'ai jamais apprécié les relations avec une domination cachée. Une sorte de contrat amical vicié. Je préférais tant ces professeurs comme Michel qui laissait part à la créativité des étudiants. Ces professeurs qui, contrairement à d'autres, sortaient de ce cadre de domination. Mais, malheureusement, ils restent rarissimes chez nous. Ils sont, pour en revenir à ma formation en mathématiques, dans l'extrémité supérieure de la loi normale.

Je pense, bien au contraire, que les meilleurs d'entre nous n'ont, tout simplement, pas de mentor. Ils s'inspirent, analysent leurs modèles et cherchent à apporter leur propre touche. Autrement, où est l'intérêt ? Autant s'intéresser, directement, au mentor et donc, préférer l'original à la copie. Ainsi, le mentorat me dérange puisqu'une mini-servilité moderne y est enfouie. C'est vrai, finalement, le mentor défie le mentoré. Mais qui est-il pour le défier ? Ne vaudrait-il pas mieux parler de rencontres fructueuses ? Et par la suite, de redevabilité permanente ? L'infériorité ne doit nullement exister. J'ai dit, en guise de conclusion, à Monsieur Haddad : « Je suis quelqu'un d'intègre, de souverain. Vous faites partie de mes plus belles rencontres. Vous m'avez ouvert bon nombre de portes. Mais je ne peux être votre mentoré et manger toute ma vie dans votre gamelle. Un peu comme un jeune chacal, suivant quelques misérables restes, délaissés par un vieux lion alourdi. Or, nous sommes tous les deux des lions vigoureux. » Stupéfait, il ne connaissait pas ces répliques imagées typiquement kabyles. Il aimait retrouver, dans la société kabyle, des valeurs perdues de la société occidentale. Bourdieu écrivait que cette société était le conservatoire de l'inconscient méditerranéen. Ayant grandi à Constantine, il connaissait le niveau de philosophie des langues méditerranéennes. Il m'a rétorqué : « J'aime cette philosophie, mon fils. Je suis très fier de t'avoir parmi nous. Promets-moi de ne jamais laisser personne être condescendant avec toi. Jamais ! »

Cette promesse, je l'ai faite à mon grand-père, deux jours après son inhumation. Je me suis retrouvé devant sa tombe, au village. Je lui ai promis d'être indomptable, respectable, digne et compétent dans les projets que j'entreprendrai. C'est le principe même de cette insubmersibilité qui, laborieusement, m'a été inculquée.

Chaque soir, après le travail, je rentrais en passant par les différents boulevards, MacDonald, Mortier, Davout et Soult. La marche à pied était pour moi une manière d'externaliser mes pulsions négatives et de les transformer en source de répondant ; elles étaient, pour la plupart, dues à ma situation irrégulière ainsi qu'à la distance avec ma famille. J'aimais marcher, surtout lorsque la pleine lune apparaissait. Je la contemplais, je l'admirais. Elle m'inspirait dans les nombreux scénarii futuristes que j'osais faire. Seul, dans l'attente de nouvelles perspectives, je cherchais à employer, de manière cohérente, le temps qui m'était imparti.

Dans l'attente d'un titre de séjour, je trouvais ma situation verrouillée, dégradée et épuisante. Cette situation qui, à chaque nouvelle étape de notre architecture, requiert patience et opportunisme. Une situation redondante. Lorsque nous la croyons disparue, vaincue, elle renaît et accompagne, finalement, les audacieux, tout au de long de leur destin. Dès qu'une rivière est traversée, une nouvelle, s'apparentant à un défi, apparaît. Même en rebroussant chemin, elle réapparaît tôt ou tard, côtoyant nos volontés les plus profondes, jusqu'à ce que ces dernières soient toutes ensorcelées. Telle une séquence composée de labourage, de patience, de récoltes. Suivie d'une autre séquence, encore composée de labourage, de patience et de récoltes. Beaucoup se complaisent une fois la rive atteinte, une fois la mission accomplie, une fois le bulbe planté. Excepté les audacieux qui, en tant que véritables conquérants, restent obnubilés par de nouveaux accomplissements. Ils seront, perpétuellement, amenés à traverser de nouvelles rivières. Voire condamnés par le destin. À cela s'ajoute, dans leur vocation, cette situation qu'est la patience, certes pas toujours plaisante, mais consubstantielle aux nombreux pourboires, offerts par le destin.

Cette traversée, je l'ai connue à maintes reprises. La foi baisse, le désespoir s'épanouit. Or, c'est un verrouillage que je considère divin. Riche en émotions, en bouleversements, mais cachant de belles surprises ; réservées à celles et ceux qui n'abandonnent jamais. Par maladresse, nous attendons parfois, impatiemment, un acte providentiel, une aide extérieure ou encore une gondole angélique. Toutefois, nous ne prêtons pas assez attention aux nombreuses poutres, mises à disposition et à notre débrouillardise de radelier. En d'autres mots, nous reconnaissons mal les signes qui nous sont envoyés. L'identité remarquable, pour en revenir aux mathématiques, n'est pas, chez certaines personnes, perçue dans l'immédiateté. En revanche, quand elle est perceptible, la situation devient appréciable, mémorable.

Mon expérience m'a montré qu'une fois la chance déverrouillée, tel, pour les adeptes de mathématiques, un processus stochastique auto-excité, les belles choses arrivent en abondance et provoquent l'arrivée d'autres belles choses par la suite. Imaginez, une journée ordinaire dans un supermarché pour un vendeur ou une vendeuse. Souvent, vous remarquerez que plusieurs minutes, voire plusieurs heures, s'écoulent avant qu'une première transaction ne se fasse. Cependant, dès qu'elle est réalisée, d'autres transactions arrivent en masse. Aussi, lorsque la chance se déverrouille, une auto-excitation laisse place à une dynamique ascensionnelle.

Chapitre 6

Mes quotidiens avec les collègues devenaient encore plus constructifs. Bien plus que l'expérience acquise dans le public. Une confiance s'était bâtie entre Léa et moi. Je la connaissais davantage. Elle se confiait à moi. Elle me racontait un vécu que je n'aurais jamais imaginé en raison de son optimisme notable. Hélas, après plusieurs mois, plusieurs années de discussions, j'ai vu dans ses yeux, une fille attristée par une vie dramatique. À commencer par le divorce de ses parents qui, bien évidemment et comme tous les divorces, terribles, l'a profondément affectée. De plus, plusieurs déceptions, amoureuses, se sont ajoutées à cette souffrance primaire. D'ailleurs, je persistais à lui dire que ses attachements, faciles aux garçons, étaient dus à ce manque d'affection paternelle. C'est vrai, je remarquais que, son conjoint de l'époque, ressemblait étonnamment à son père.

Peu de gens abordent cette question du divorce. Délicate, car toutes les situations sont uniques. Ainsi, je ne peux que prier pour ne pas y être confronté un jour. Je ne voudrais pas que les conséquences futures perturbent les comportements des enfants. Ils sont, à mes yeux, la priorité dans un couple. Quitte à attendre qu'ils grandissent, en cas de situation conflictuelle avec l'épouse, pour en arriver à ce point. Vouloir analyser cette situation, avec mes yeux de cartésien et apporter des solutions, serait une trop grande maladresse. Un modèle de réussite familiale n'est pas applicable à toutes les familles. Néanmoins, pour ma part, je préférerais prioriser la construction de l'enfant. Veiller à ce qu'elle soit, comme l'ont fait mes parents et comme l'avaient fait mes grands-parents, solide, carrée et durable. Si possible, pas mansardée. Pour ce faire, le couple doit jouer un rôle capital. A deux, l'accomplissement ne peut qu'être majeur. Aussi, après longue réflexion et en ayant côtoyé d'autres couples mariés, mieux vaut, dans une situation conflictuelle, faire semblant tout en préservant l'architecture de l'enfant.

Je ne concevais pas une seule seconde que Léa, aussi innocente, ait pu vivre avec une absence paternelle. D'où mon admiration pour les battantes et battants issus de parents divorcés. Toutefois, cette fille m'a surpris, par rapport à sa relation amoureuse. En effet, son petit copain était algérien, tout comme moi. De confession juive, certes, mais algérien. J'étais très ravi pour elle, en espérant un jour pouvoir le rencontrer. Histoire de prendre un bon café à trois. Elle était si gentille avec moi. Je ne pouvais que lui souhaiter le meilleur. C'est-à-dire, un garçon capable de la rendre heureuse, jusqu'à oublier toutes les déceptions amoureuses, pernicieuses, en faisant en sorte que ces dernières ne soient seulement, que sacrifices nécessaires à son bonheur. Elle venait me parler de plats algériens, de thé, des villes algériennes. Elle-même, d'origine juive algérienne.

Nos pauses se transformaient en cours d'Histoire sur l'Algérie. Je lui expliquais la pluralité culturelle du pays. Sans exagération, ses pupilles se dilataient à chaque fois que nous abordions ce thème. Elle faisait même l'effort d'apprendre des mots en kabyle. Les mots en arabe qu'elle connaissait n'étaient généralement que des insultes ; la plupart, sortaient de la bouche de ses grands-parents ou étaient ancrées dans l'argot français. Elle avait de la classe ! Quand je lisais le journal, avec un café et une cigarette durant la pause-déjeuner, elle me disait souvent : « J'ai l'impression de voir mon grand-père. » Certes, c'était rétrograde pour un jeune de mon âge. Mais, tellement plus respectable que les jeunes paumés, assis dans un café américanisé, avec des autocollants « À bas le capitalisme » sur des ordinateurs pensés aux États-Unis et fabriqués à moindre coût en Chine.

Intrigué, j'ai continué dans ma lancée en lui demandant la profession de son copain. Il était sans emploi mais rentier. Ses parents avaient acquis de nombreux biens immobiliers dans le dix-neuvième. Déjà, je trouvais un décalage entre la motivation de Léa, cherchant à concevoir ardemment sa propre construction et son copain, se reposant sur la construction de ses parents. Je n'ai pas vu d'équilibre, immédiatement, dans leur couple. J'avoue être resté figé durant quelques instants. Je n'ai pu m'empêcher de continuer :

— Tu me dis qu'il est au chômage, mais rentier. Est-il au moins dynamique ?

— Euh non... Il a des revenus immobiliers mensuels. C'est son salaire !

— Mais gère-t-il les biens immobiliers, lui-même ? Car en effet, c'est du travail.

— Pas exactement, les biens sont en gestion.

— Alors que fait-il exactement ?

— À vrai dire, pas grand-chose. Il voyage beaucoup, surtout en Israël où ses parents ont d'autres biens. Je l'envie tellement. Mais bon, le destin a voulu que je sois salariée.

— Non tu peux me croire. Ta construction a une valeur intrinsèque bien plus grande.

— Que veux-tu dire par « construction » Ahcène ?

— C'est toute ma vie ça ! Je t'expliquerai ça tranquillement la prochaine fois. En revanche, est-il tendre et chérissant avec toi ? Tu sais que je te souhaite le meilleur.

— Mais bien sûr que je le sais ! C'est un amour avec moi. Je l'aime tellement. Je n'attends qu'une seule chose de sa part, c'est qu'il demande ma main. Cependant, quelques fois, nous avons des embrouilles. Mais c'est bien normal ?

— Tout à fait ! Si tu voyais mes parents. Un carnage !

— En fait, je lui reproche de ne pas assez carburer. De trop se reposer sur ses parents. Si nous venions à avoir des enfants, je ne voudrais pas qu'il leur donne cet exemple. Mon grand-père était cordonnier et dans ma conception, je reconnais le travailleur à son bleu de travail. Je sais que c'est bizarre !

— Pas du tout, nous avons la même conception des choses. Comme aujourd'hui, tu verrais un travailleur par rapport à la fatigue sur son visage. N'est-ce pas ?

— Exactement ! Je lui reproche de ne pas être assez productif.

Étrangement, la notion de productivité abordée m'a rappelé le labourage dont j'ai parlé. Je lui ai finalement dit : « Quelle fille remarquable tu es. Bravo à ta mère pour l'éducation qu'elle t'a donnée. » Sur le coup, je lui ai souhaité un bonheur durable. J'espérais que son copain se réveille. Étant réaliste, ce genre de construction conjugale, si elle est déséquilibrée, peut être vouée à une fissuration. Dès lors que deux philosophies divergent trop, si elles s'éloignent de leur point d'intersection, elles ne peuvent parvenir à un projet convenable. Mais comment lui expliquer ? Qui suis-je pour contribuer, même modiquement, à la fissuration d'un couple ? Je me retrouvais dans un cas de figure où, lui annoncer le fond de ma pensée, pourrait lui faire croire que j'étais attiré par elle. Et au même moment, je ne pouvais lui souhaiter une nouvelle séparation. Et si, justement, elle souhaitait un conjoint pareil afin de prendre le pouvoir en raison de son irréprochabilité professionnelle ? Parfois, mieux vaut s'abstenir. Certaines situations nous dépassent. Mieux vaut rester à sa place. Respecter, admirer et labourer son propre champ.

L'incompatibilité, dans ce couple, s'expliquait par le fait qu'ils n'aient pas, tous deux, la même employabilité du temps, les mêmes horizons ainsi que la même volonté. Leur déséquilibre, palpable, limiterait dans le temps et dans l'espace, une ruée commune vers la pérennité. La lancée de Léa était bien trop brusque afin de réussir à la suivre sans essoufflement. Je ne l'aurais jamais supportée. Une guéparde ! Déjà, physiquement, j'aurais dit une guéparde. Elle portait bien son prénom qui, en hébreu, signifiait « Lionne de la sagesse ». Autant d'ambitions pour une seule personne. C'était bien trop pour moi. Par ailleurs, je le répète, notre admiration, dans la boutique, était grandissante. C'est pourquoi, si son copain ne se met pas à charbonner, impérativement, alors ses faiblesses laisseront Léa bourrue. Il n'y a pas pire qu'un époux, ou une épouse, laissant à l'autre le monopole de la charrue. Si le labourage d'un champ est confié, par inaptitude et flasquement, à l'autre, alors la fatigue aratoire se transforme en agacement dommageable. Si, en revanche, une personne s'approprie le labourage, délibérément et perfidement, alors sa prise de pouvoir est incontestable ; la maîtrise d'un domaine, traîtreusement parvenue, garantit un ascendant psychologique. D'où, cette nécessité d'équilibre.

D'ailleurs, elle m'a dit à ce propos : « Tu sais, il faut savoir faire confiance à la personne. Il faut savoir prendre des risques. » Certes, le risque rend la vie beaucoup plus savoureuse, une fois le sommet atteint. Mais, le mariage mérite une réflexion beaucoup plus rigoureuse. Quand le divorce a lieu avant la naissance d'un enfant, le degré de gravité est moindre. Cependant, un divorce, avec enfants témoins, est ravageur. D'où le fait de soutenir qu'un mariage est une construction qui, si tous les imprévus sont préalablement mesurés, devient une ascension jouissante. Dans une vie, c'est l'une des décisions les plus importantes. Peut-être même la plus importante.

Je me suis longuement interrogé sur Léa. Enfin, sur une future épouse qui aurait les attributs de Léa. Nous souhaitons tous rencontrer ce genre de filles. Elle était, sans aucune exagération, trop belle. Toutefois, avec un peu de recul, et une sagesse bien singulière, je ne pense pas pouvoir supporter une fille aussi charmante. Ce n'est pas que, physiquement et humainement, le décalage aurait été flagrant. En effet, même s'il n'y avait pas de décalage, la crainte de perdre cette rareté, m'aurait tourmenté dans un gouffre maladif sans précédent. Je me connais très bien. À ce propos, mon grand-père, lui-même initié par ses aïeux, m'a mis en garde contre deux catégories d'épouses : les belles femmes marquées par une beauté extraordinaire ainsi que les femmes fortunées. Sa position était irrévocable. Quant au reste, son approbation aurait été enthousiaste. Incroyable, vous ne trouvez pas ?

Longtemps, j'essayais d'expliquer sa position. Mon grand-père était quelqu'un de binaire. Il ne donnait, hélas, pas tellement d'explications. Chez nous, le sens de la famille est, en réalité, une soumission presque militaire. Beaucoup, de nos jours, assimileraient cela à de l'indélicatesse morale. Discrètement, il m'arrivait également de réfuter ses paroles. Mais, avouons-le, tant que les intentions étaient bonnes, bienveillantes et salutaires, alors j'acceptais, avec allégresse, l'autorité. Le connaissant parfaitement, depuis tout petit, depuis toutes ses belles histoires, parfois pleines de tristesse, avec des ogresses qui capturaient des princesses, je voyais dans ses intentions, l'homme de convictions qu'il était. Aussi, notre pacte familial, pour ma part, était respecté. Tel un fauconnier adroit, qui emmenait le faucon que j'étais, chasser. Pourtant chaperonné, je le suivais, sachant parfaitement que ses initiations faisaient preuve de bon sens. C'est même le seul pacte entièrement respecté ; en dehors de l'autorité familiale, le doute est mon allié.

Pour en revenir au sujet, deux cas de figure m'ont été fortement déconseillés. Sur le tard, j'ai saisi le premier. Précisément lorsque j'apprenais à mieux me connaître à la fin du lycée. C'était un peu mon premier développement personnel. Vraisemblablement, j'ai compris l'être jaloux qui occupait, voire gangrenait, une grande partie de mes pensées. Quelque part, mon grand-père avait fortement raison. Il connaissait la prédestination de mon âme ; nous venions de la même lignée. Je ne pourrais, mais en aucun cas, supporter que mon épouse soit systématiquement regardée à chacune de nos sorties. Par conséquent, afin d'éviter toute corrosion mentale, causée par une jalousie maladive, je pense qu'il est préférable de ne pas céder à cette première tentation physique, que nous pourrions un jour, malheureusement, plus assumer. Je pars de ce principe que les moyens, même mentaux, engagés dans une responsabilité, voire dans une construction, en l'espèce matrimoniale, doivent être toujours supérieurs aux moyens, préalablement convenus avant le commencement. En d'autres termes, si la force physique ne permet le maniement d'un instrument aratoire, durablement, mieux vaut, sagement, s'abstenir de labourer. Ou alors, se réorienter vers un champ plus abordable. Subtilement, une autre histoire, reprenant l'importance de la responsabilité et de la connaissance de soi, montre, à quel point, s'engager dans un domaine d'incompétence est d'une part, contre-productif en matière de construction, et puis, d'autre part, ridicule auprès de l'opinion sociale en cas d'abandon. L'opinion sociale ? Dans un monde idéal, je m'en moquerais. Mais, dans ce monde réel : elle existe bel et bien.

Il était une fois, durant la colonisation, en Kabylie, un riche Pied-noir qui possédait une ferme immense. En fait, il avait même plusieurs exploitations agricoles. Un Kabyle, fermier, travaillait six jours par semaine. Plutôt bien payé, comparativement à la moyenne. Mais, il enviait, tout natu-

rellement, et comme bon nombre de subordonnés, son employeur. Un jour, il l'interpella :

— *Tu es sacrément privilégié. Je t'aime beaucoup, tu le sais, mais je t'envie tellement.*

— *Ah bon ? Tu m'envies à ce point ?*

— *Oui. Tu as beaucoup de biens. J'ai à peine un lopin de terre, légué par mon père et que je devrai partager avec mes cinq frères.*

— *Tu sais quoi ? Voici les clés ! J'ai une autre exploitation à quelques centaines de mètres. Je te laisse celle-ci. Tu viens y habiter, tout est à toi.*

Complètement ébahi, le paysan ne savait plus quoi dire. Il prit les clés et vint avec sa famille. Au bout de quelques jours, tôt le matin, le Français vit arriver le Kabyle précipitamment.

— *Bonjour cher Monsieur !*

— *Mais que fais-tu ici Ali ?*

— *Je viens te rendre les clés ! Tu peux revenir chez toi.*

— *Mais pourquoi donc ? Notre pacte ne t'a pas plu ?*

— *Ce n'est pas ça. Le truc c'est que...*

— *C'est quoi ? Dis-le-moi !*

— *Avant, je n'avais rien. Mais alors rien ! Aujourd'hui, j'ai tout et j'ai peur de tout perdre.*

Parfois, connaître ses limites, qu'il s'agisse d'ambitions personnelles, professionnelles ou d'un mariage, est crucial. Ne pas sursauter à chaque événement assure une protection. Si la vie est une guerre quotidienne, alors, pour reprendre Sun Tzu, il faut, d'une part, connaître son ennemi, et d'autre part, se connaître soi-même. Pour terminer, j'ai compris le second cas de figure plus instinctivement. Effectivement, je savais qu'une fille extrêmement riche, matériellement, pourrait facilement prendre l'ascendant sur moi. Si ce n'est pas elle, un membre de sa famille le prendra et me fera constamment rappeler ce décalage économique entre nous. Si ce n'est pas un membre de sa famille, l'opinion sociale, avoisinante, affectera notre équilibre familial. Dans le monde idéal, l'opinion sociale n'existe pas. Toutefois, dans le monde réel, elle est infernale. Et cet équilibre affectif, qui me tient tant à cœur, sera tout simplement démoli.

Chapitre 7

Léa m'a, encore une fois, surpris. Elle est venue me parler des politiciens français pour savoir ce que j'en pensais. Étonnant de sa part. Je la croyais vénale, vaniteuse de temps en temps, mais surtout, profusément apolitique. Il m'arrivait de parler du Proche-Orient avec David, arguments à l'appui. Il était très limité par rapport à son père. Quant à Léa, elle s'en moquait pas mal. Aujourd'hui, je l'envie, très honnêtement. Le contexte politique algérien ne m'a pas rendu indifférent. Peut-elle que l'indifférence serait un rempart contre ce désarroi intérieur qui, depuis le collège, est né lorsque j'ai compris les engrenages de notre système ? Plus un État est instable et plus sa jeunesse est politisée. Elle peut être, effectivement, endoctrinée par des forces tout aussi asservissantes ; ces dernières ne désirant que supplanter le pouvoir en place, afin de profiter, à leur tour, des récoltes. Toutefois, la ré-pugnance de cette jeunesse pour la classe politique, alimentée par un désespoir populaire, est presque généralisée dans les pays périphériques.

Je lui ai dit que mon ancrage politique n'était pas clairement défini. Comme tout homme mo-derne, je suis confronté à certaines contradictions. Elles me suivent depuis mon jeune âge. À chaque nouvelle lecture, puisque les équations ne sont pas toutes résolues, j'élargis ma vision politique, économique et humaine. J'essaie de les surmonter, ces contradictions, quotidiennement, en visant un parfait équilibre ; nécessaire à n'importe quelle architecture finalement. Étonnamment, c'est à New York, allégorie de la démesure capitaliste, que je deviendrais purement marxiste, et c'est à Cuba, paria chevronné du système international, que je deviendrais libéral. Avec une touche d'humour, Marx se poserait sur mon épaule droite une fois à New York, et puis Friedman, sur mon épaule gauche une fois à Cuba. En revanche, je sais que « la crème de la crème », existe dans chacune de ces deux idéologies. Prendre le meilleur et l'appliquer à notre construction, cela permettrait de garder notre intégrité humaine. Ne jamais être endoctriné, aliéné et endormi. Aussi, l'équilibre parfait, serait de concilier les meilleures valeurs que ces dernières puissent offrir.

Il se peut que l'expérience appropriée, ou bien la maturité, afin de m'engager politiquement, nécessaire à toute allégeance idéologique, n'ait pas encore été acquise. Pour l'instant, j'essaie seulement de faire le meilleur assemblage des deux idéologies. Certes, j'aime le libéralisme pour quelques valeurs, comme le dépassement de soi, l'innovation constante, ou même les échanges entre cultures. Qui peut organiser la répartition des richesses si ce n'est le libre marché ? Jusque-là, aucun système n'a été trouvé pour le remplacer. Mais, j'aime surtout, le marxisme pour sa rebuffade profonde à l'égard de toute subordination ; chose invraisemblable, injuste, s'accompagnant de contrôles irritants et source perpétuelle de jacqueries. Son unique problème, tout compte fait, au marxisme, pour reprendre une pensée moliéresque, c'est qu'il ne peut être instauré dans un monde où, certains sont malfaisants, tandis que d'autres, leur sont complaisants.

Enfin, je ne sais pas si cette position d'ambiguïté politique peut changer d'ici quelque temps. Cependant, en tant qu'ennemi juré de la subordination, et ce, depuis très jeune sur les bancs de l'école, je sais déjà qu'une éventuelle appartenance, à un éventuel groupe, ne sera pas chose facile. Mon médecin, autre manœuvre de ma bâtisse, me disait toujours : « Ne laisse jamais quelqu'un être ton despote, tu suis ton instinct et tu fais ce que tu veux ! » L'indomptabilité accroît notre respectabilité de manière bien plus accrue que l'allégeance. Le pouvoir de l'insubmersibilité passe, avant tout, par l'indomptabilité. Léa partageait la même vision des choses. Elle m'a tant appris sur les lois du marché. Ma formation d'ingénieur oublie, en grande partie, la violence symbolique. Ainsi, elle m'expliquait que dans notre système actuel, l'idée de plus-value, générée par chaque salarié, doit être redistribuée de façon plus juste. Elle m'a dit : « Le jour où nous parviendrions à cette meilleure justice salariale, alors, je jouirais et jouerais pleinement le rôle de serf assouvi. » Sa philosophie m'étonnait encore et encore. Moi qui la prenais pour la cupidité personnifiée, elle a ajouté : « Quitte à entreprendre afin de créer ce monde meilleur. Il consisterait à réduire cette hiérarchie, salariale, sociale et internationale. » Malheureusement, plus le temps avance, plus cet idyllisme me paraît si lointain. Le monde réel rejoint celui du Misanthrope. Celui de la lutte des classes. Celui de la servitude. Celui de l'argent, du pouvoir et de la conquête sentimentale, pour reprendre le pragmatisme de mon grand-père.

En effet, ma crainte grandit de jour en jour. Déjà, lors de mon arrivée, en 2015, j'ai vu une violence resurgir, héritée de la crise financière new-yorkaise. Tout à fait différente de ce que nous avions vécu en Algérie. Certes, nous étions dominés par un gouvernement autoritaire. Mais, osons le dire, lui-même dominé, par une autorité suprême. Et puis, quant à elle, rudement dominée par cette logique financière absolue et universelle. De plus, mon parcours académique ne me permettait pas, jusque-là, de comprendre les rouages de cette discipline. Léa m'était utile. Il faut dire que le crédit n'était pas monnaie courante chez nous. Le monde de mon grand-père associait même l'octroi de crédit à du progressisme déraisonné. Certains se voyaient octroyer des prêts, parfois ridicules, juste pour suivre d'autres personnes contracter un prêt déraisonnable. Il n'y avait pas de réflexion sur la nature du crédit. Mon enseignement familial m'a fait comprendre qu'il s'agissait d'usure modernisée. Un ancien professeur m'a dit, à ce sujet : « La force du banquier, c'est de te prêter ton argent. Effectivement, en présentant des garanties, en réalité, ces garanties sont ton argent, mais « futurité » prise en compte. » Il m'a même expliqué la mission du banquier, son ancienne profession : « Le banquier ne prête pas au riche. Il prête au pauvre. Déjà, le riche sait emprunter. Il sait faire son fameux effet de levier. Or, l'intention principale n'est jamais le remboursement. Au contraire, quand tu hypothèques, il ne veut pas que tu rembourses pour la saisir et la revendre, grâce à la hausse du marché immobilier ! » Cet état d'esprit, extrêmement pessimiste, n'est pas totalement vrai. Généralisation méchante et outrancière à l'égard des banquiers qui, finalement, sont des salariés. Mais ce n'est pas totalement faux.

Ma crainte a davantage cru lorsque j'ai compris, après explications précises de Léa, la solidité du système qui, après plusieurs métamorphoses, au fil de l'histoire, n'a pas perdu de sa vigueur. Les richesses n'ont jamais été aussi abondantes. Je crains cette nouvelle transformation, s'arrimant à une nouvelle place privilégiée, pour la firme multinationale. Le monde que j'ai connu, composé de plusieurs États, régissant maintes populations, est pour ma part, révolu. Peut-être que mes enfants ne connaîtront même plus l'État, dans sa dimension souveraine, mais seulement dans une dimension symbolique insignifiante, assujetti à la firme privée. *Pax Romana*, *Pax Britannica*, *Pax Americana* et puis *Pax Sinica*. Telle était, *grosso modo*, la logique historique ? J'opterais plutôt pour la *Pax Gafa* en matière de prédictions. Le libre marché me plaît s'il est régi par des forces étatiques. En même temps, dans ce monde réel, n'est-ce pas le système le plus congruent ? Espérons que les valeurs insubmersibles résistent à la nouvelle métamorphose. Je suis très confiant. Croyant aux forces de l'esprit, je sais que la lumière, même dans l'obscurité, ne cessera d'apparaître ; l'égarement ne peut être absolu tant qu'il restera une mémoire collective du bon. J'accepterais n'importe quelle nouvelle métamorphose tant que les bonnes valeurs persisteront. Telle est ma seule préoccupation. Seul mon champ, accompagné de son labourage constant, me préoccupe.

Quant au reste, qui voudrait être cet homme ? Sauvagement indubitable, agissant dans la démesure, priorisant une carrière professionnelle, avide de performances financières et dépourvu de sens familial. C'est pourquoi mieux vaut protéger sa bâtisse morale, laborieusement léguée par les aïeux ; éviter que les infiltrations, d'une main invisible grimacière, ne soient fâcheuses. Suivre cette séquence magique. C'est-à-dire, labourer, veiller, attendre patiemment les récoltes, mais sans en perdre la raison. Ne pas, justement, perdre cette intégrité. Rappelons le monde réel dans lequel nous sommes. Le déconstruire serait une erreur de jugement bien dramatique. En d'autres mots, accepter ce monde, sans être dépossédé de son intégrité, avec un jugement critique et des remises en question journalières, est le meilleur moyen, voire concluant, d'acquérir cette indomptabilité, fortement corrélée avec la respectabilité.

Tout compte fait, en grandissant en Algérie, nous développons cette propension, modelée d'afflictions, à analyser les exagérations d'un pouvoir en place. Lui-même, dominé par un autre pouvoir supérieur, désirant un manque de développement des pays du Sud, afin de consolider le sien. Et lui-même, subordonné à un principe impérissable : l'avidité. Finalement, meilleure alliée d'une nature humaine qui, s'avère de temps en temps hobbesienne, un autre jour machiavélique, et quelques fois seulement, morale. Mais, je reste tout de même optimiste. Comme tout système, rationnellement faillible, le déclin n'est jamais chimérique. Tous ces empires, Athènes, Rome, Tombouctou, la Grande-Bretagne, les États-Unis, et j'en passe, ont fini par appartenir aux pages de l'Histoire. Peut-être que cette firme multinationale présentera un jour ses limites. Elle sera sans doute supplantée. Quelle sera la prochaine étape ? La prochaine métamorphose ? Je n'en sais rien. La condition humaine est une manufacture de servitude. Je reste optimiste en voyant que certaines valeurs d'antan, insubmersibles, refont surface et sont désormais ancrées dans nos mœurs. Historiquement, nous sommes passés d'un monde avec des tendances orientées vers le développement matériel. Par la suite, vers une richesse qui motivait les gens à se concurrencer entre eux. Et aujourd'hui, le passage à un monde, orienté vers le développement personnel, s'est accentué. Aussi, l'argent n'est plus le critère d'analyse principal lorsque nous admirons une construction humaine. Mais plutôt, l'intégrité de cette construction, le degré de motivation et de transmission. La réussite des enfants, ou bien celle des autres proches, devient un critère décisoire, invendable et atteignant même, les plus hauts sommets de la respectabilité. Sont-ils des enfants de bonne famille ou non ? Peu importe le niveau d'études ou de richesse. Je reste optimiste parce que j'ai pu voir ces grandes transformations sociétales au fil des années. Même si, pour le moment, les mœurs restent atroces à la lumière de ce virage générationnel. Cependant, chez nous, en Kabylie, les jeunes savent à quel point, la lumière des étoiles est perceptible pendant la nuit. Nous naissons baptisés d'espoir, nous vivons dans l'espoir et nous léguons cet espoir. Puisse cet espoir continuer, longtemps, à enthousiasmer celles et ceux que nous chérissons.

Chapitre 8

Monsieur Haddad me faisait confiance. Notre relation était saine, amicale, privilégiée. Déjà, la toute première fois, il m'a fait rappeler mon défunt grand-père. Par son élégance ainsi que par son pragmatisme. Chacune de ses phrases, remplie de bon sens, accompagnée d'un accent séfarade affectueux, venait compléter ma formation. De temps en temps, il disait d'un air malicieux : « Quand tu es dans un tunnel, il faut foncer et ne pas regarder en arrière. » En fait, il m'inspirait dans la mesure où, étonnamment, il a eu autant d'échecs que de succès dans sa carrière. Mais ne le disait jamais. Ne voulant nullement paraître faible ; la fierté était très présente chez lui. Je lui ai demandé : « Pourquoi ne jamais en parler ? » Instinctivement, il a répondu : « Parce qu'un jour, je me suis rendu à un entretien d'embauche. En présentant mon *Curriculum Vitae*, le patron me questionne sur une faillite dans l'immobilier. Quand je l'ai expliquée, le patron m'a sorti de la salle en me disant d'aller faire faillite chez les autres. » Je n'ai même pas eu le temps de répliquer que Monsieur Haddad a ajouté : « Ne montre jamais tes faiblesses aux gens que tu ne connais pas. Les gens, surtout en affaires, s'attendent à ce que tu sois un tueur. Si à l'école, on t'apprend à être consensuel, il faut au contraire, avoir un caractère très affirmé. » J'ai à peine essayé de répondre qu'il m'a encore coupé la parole : « Tu as le choix dans la vie. Tu peux ne pas montrer tes faiblesses, garder une distance et te faire respecter. Comme tu peux te dévoiler, faire le gentil et être casé dans une catégorie de *baltringues*. »

Je trouvais sa vie passionnante, singularisée, bien loin des conventions conformistes apprises jusque-là ; cette différence faisait son élégance. L'expérience, lorsqu'elle est subie, devient un modèle applicable, inspirant. Avec, ajoutons-le, quelques améliorations ou bien, tout simplement, quelques modifications puisque nous sommes singuliers ; ce n'est pas parce qu'un individu réussit dans un domaine que tous les autres réussiront. Autrement dit, la chance, si elle concerne une personne, ne concerne pas tout le monde. Pourtant, cette personne ou encore, ce premier de cordée, tel Monsieur Haddad, va justement proposer dans son domaine un paradigme qui, selon la vocation de chacun, sera amené à être renouvelé ou perpétué. En administration des affaires, Léa appliquait exactement le modèle de Monsieur Haddad. Je le remarquais dans sa manière d'organiser les choses.

Notre patron était un conquérant. Il connaissait l'importance de laisser une trace, de bâtir quelque chose et de transmettre. Il savait à quel point, l'employabilité du temps devait sa qualité à la créativité ainsi qu'au degré de motivation. Léa, me parlait du patron et m'a raconté l'un de ses échecs en affaires. Jeune, il a acheté trois studios, dans un vieil immeuble afin de les louer à des étudiants. Le quartier était captivant, proche des transports en commun, d'une culture parisienne, sans oublier la propreté des logements entièrement refaits. Néanmoins, Monsieur Haddad s'est uniquement focalisé sur les appartements et l'emplacement du quartier. Il n'a pas vérifié, ce jour-là, les fondations. Jusqu'au jour où, les autorités ont obligé la copropriété à les refaire, à cause d'un affaissement très dangereux. Déclaré insalubre, la municipalité a décidé de le préempter à un prix amoindri. Monsieur Haddad a dû accepter une perte colossale ; une moins-value qui, malheureusement, lui a fait perdre beaucoup d'argent. Ce qui ne l'a pas rendu atrabilaire pour autant. Quelque part, il a remporté d'autres succès. D'où mon estime, pour cet être respectable qui n'a jamais abandonné et qui s'est relevé maintes fois. Ajoutons à cela l'éducation de ses enfants, réussie, puisqu'ils sont tous diplômés et autonomes. Même David. De nombreux journalistes connus, également séfarades, s'habillaient chez Monsieur Haddad. Malgré une scolarisation limitée, il a su, après labourage et patience, parvenir à une construction aboutie ; ses récoltes, bien plus immatérielles que matérielles, lui assuraient cette respectabilité communautaire. Et bien au-delà.

En fait, un être respectable est un phénix. Il renaît de ses cendres. Insubmersible, avant-gardiste et d'une volonté atroce. Dans le monde des affaires, même artistique, fort malencontreusement, la drogue aide beaucoup à se surpasser dans la création. Certes, exemple subtil. Mais, j'essaie juste de souligner cet outil dérisoire de motivation. Quelle drogue peut s'avérer encore plus puissante que la volonté ? Cette volonté profonde, forgée par l'envie de laisser une trace ; par ce désir éruptif de ne pas déchoir. Je crois, avant toute chose, que l'identité est l'étincelle qui forme la volonté. Et le feu de cette dernière, l'énergie de notre moteur motivationnel. Lorsque nous savons, d'où nous venons, lorsque nous mesurons l'ampleur des périples passés, il est difficile de déchoir.

Habituellement, nous respectons quelqu'un selon des critères, basés sur son parcours. Les gens s'interrogent et jugent : « Qu'a-t-il réalisé jusque-là ? Quels ont été les obstacles rencontrés ? » Toutefois, le fondement des questions m'a toujours posé problème. Nos antécédents veillent à la qualité de notre construction et à sa durabilité dans le temps. Cependant, les critères de jugement, selon la personne, restent relatifs. Encore faut-il que la personne sache apprécier un parcours ? Certaines personnes passent leur temps à déconstruire des parcours formidables, tandis que d'autres, sacralisent des constructions abominables. D'autres encore, auront tendance à glorifier la personne, connaissant toutes ses notes musicales, et à oublier, évidemment, celle qui sait les associer. Pour une majorité de gens, la pertinence ainsi que, l'art de percuter, ne sont désormais plus essentiels. Peut-être que, dans l'Histoire, l'essentiel n'a jamais fait l'unanimité. Les avis ont toujours divergé. Plaire à tout le monde serait une faute grave. Le parcours de Monsieur Haddad me plaisait alors qu'il aurait été, considérablement, affublé de toutes les pires vétustés par beaucoup. Outre sa réussite matérielle, sa réussite familiale n'aurait pas été déchiffrée par tout le monde. Le jugement moderne, sûrement dû à notre système ultra-productif, ne saisit pas tellement cette fortune. En tout cas, la jeunesse ne se préoccupe pas, religieusement, de l'aboutissement final. Ou maladroitement. Dans sa conception, malheureusement, la construction n'est autre que matérielle. L'aboutissement se rapproche plus de l'ornement que de la fondation. La sculpture du trumeau passe avant la robustesse du mortier et de la chaux. Jusqu'au jour où, après longues réflexions ou simple révélation, un revirement vers un essentiel immatériel, consciencieux et rempli de maturité, surgit.

Ce patron, charismatique, diplômé de la rue, propriétaire de plusieurs appartements à Paris, était différent des modèles de bien-pensance enseignés à l'école. Léa, politiquement incorrecte un jour et cynique un autre jour, était respectable ; sa respectabilité passait par cette différence. Dans notre modernité, Monsieur Haddad avec ses valeurs, largement rétrogrades pour la plupart, se singularise. Je crois bien que les tendances ont beaucoup évolué. Voire trop progressistes ; au point d'évoluer à contre-courant. À vrai dire, notre système a su créer une motivation généralisée, pleine d'avidité, qui nous pousse à concourir afin d'embellir nos différentes façades. L'intégrité de l'être, sa bonté et sa probité, ont été pour un certain temps, éloignées. C'est comme si, dans une lignée benthamienne, le loup veillait à ce que la société soit composée de moutons homogénéisés, incapables de distinguer un lion ou une lionne, parmi le troupeau. Léa, d'une grâce féline, m'a appris qu'un système ne devait en aucun cas ébranler notre libre arbitre. La singularisation est un coup de grisou ; elle nous distingue de l'être monotone qui, de nos jours, pédale vainement dans un système pour se valoriser. Tel un faucon habile qui a été, par malchance, chaperonné aux prémices de sa vie, dans un monde homogénéisant. Si un chemin, fructueux et insufflé par l'instinct, nous attire, il doit être suivi. Quitte à être différent. Même à emprunter, de temps en temps, un détour. Mais jamais avec mollesse. Toujours avec une exigence de compétence dans sa profession. La différence rend l'Histoire voluptueuse. Et l'être qui l'écrit, respectable, remarquable, admirable.

La différence intrigue, suscite une curiosité transmissible à toute la sphère sociale et *in fine*, marque les esprits. Il s'agit d'une différence humainement notable. D'une part, qualitative et intrinsèque, mais d'autre part, due à un labourage amorcé dès l'enfance. Même si la terre léguée est fertile et abondante pour les plus fortunés, un relâchement, brouillerait les récoltes. Ainsi, grâce à la différence, nous effaçons notre image de simple mortel. Nous la remplaçons par l'image d'un être exceptionnel. Les plus grandes célébrités contemporaines sortent relativement du lot. J'ai compris que la différence était impérative avec l'histoire suivante.

Un jour, mon père m'emmena vendre une vieille voiture, toute cabossée et démangée par la rouille. C'était à Akbou, en Petite Kabylie. Des centaines de voitures remplissaient le marché, qui s'était désormais transformé en un parking géant. Afin de pouvoir garer l'épave, nous dûmes payer un monsieur, chargé de nous accorder une place. Là où je salue l'intuition formidable de mon père, c'est que toutes les voitures étaient stationnées de la même manière : en bataille avec phares en avant. Or, mon père décida de se stationner en bataille, mais phares en arrière. Vous savez quoi ? Ce fut la première voiture vendue ce jour-là. Pourquoi ? Il s'était différencié.

Dans la construction, la différence est une étape clé de la respectabilité. Faire son gré garantit un profond respect, sitôt qu'il convient, à notre conscience, et bien évidemment, à la loi. Pour ce faire, l'être respectable, depuis toujours, est obligé de suivre une suite de codes informels et difficilement perceptibles. Chaque profession contient ses propres codes. L'idéal serait de copier celles ou ceux qui, professionnellement ou socialement, les ont déjà assimilés. Monsieur Haddad me disait souvent : « Pourquoi perdre son temps à innover ? Tu regardes Léa et tu copies. » Les codes, un peu comme ces identités remarquables, ne sont pas reconnaissables au premier coup d'œil. Sauf pour les plus aguerris. La maîtrise de leur subtilité est très exigeante. Une fois assimilés, raisonnablement, ils contribuent à la qualité de cette construction humaine. Lorsque notre environnement social ne met pas ces codes, ou *habitus*, à disposition, leur processus d'acquisition est long et complexe. Rappelons cette séquence du labourage, de l'attente et des récoltes. Si nous naissons, sans les maîtriser et que nous les acquérons au cours de notre processus de construction, la difficulté sera certes, doublée, mais notre respectabilité, à la fin du récit, quadruplée.

Entre Monsieur Haddad et les codes, l'histoire est longue. Il les a parfaitement intériorisés pour son domaine de compétences : bedonnant, une voix rocailleuse due à la cigarette, rhétorique à l'italienne, montre suisse, voiture allemande, chaîne en or... Même moi, ingénieur de formation, je suis marqué par certains codes propres à notre corporation : cartésianisme, binarité, froideur, manque de créativité, de témérité et j'en passe. Les gens ne voulant pas reconnaître l'existence de ces codes dissimulés, ne font pas preuve de bon sens et sont, tout simplement, adeptes d'alexandrins. De nombreux codes, leviers de réussite, restent cependant informels. Leur transmission est tempérée dans la mesure où une divulgation, trop généralisée, ferait grandir la concurrence ; celles et ceux qui, déjà les maîtrisent, seraient bien trop éreintés. Réfutés par le système académique, jugés cyniques, machiavéliques, immoraux, ils permettent cette fameuse différence ; ils peuvent être innés, consolidés par la voie orale, hargneusement acquis, en famille ou dans la rue.

Hargneusement acquis parce que rien n'est instantané dans la vie. Surtout pas une construction humaine. Nécessitant labourage et acquisition de codes à finalité aratoire. Pas même une construction amicale ; celle avec Léa a requis de la patience. À ce propos, je me suis toujours méfié de ces amitiés instantanées. De ces gens qui, très rapidement, nous proposaient leurs différents services, toujours enfouis dans de la gratuité fourbe. Cela n'est pas conforme : les codes menant à l'amitié ne sont pas respectés. Tout est dans la précipitation. Or, une vraie amitié, différente d'une relation d'affaires, nécessite confiance, sincérité ainsi que période de structuration. Quiconque ne respecte pas ces codes est tout simplement frivole, éperdument voué à la déception. Telle une action risquée qui, du jour au lendemain, voit son cours tripler, puis chuter de moitié, la semaine suivante. Cette personne accumulera les déceptions ; de véritables moins-values pour la conscience. A partir du moment où les codes amicaux ne sont pas respectés, alors ce n'est qu'une relation d'affaires, et sous toutes ses formes. La déception est trop écrasante pour foncer tête baissée.

Ainsi, une construction parachevée est la réussite. Surtout lorsque cette dernière est différenciée ; lorsque la toiture se hisse entre subtilité et fantaisie. Un labourage, congru, confère des armes, idéales pour affronter les maintes péripéties, pyramidales, dans la recherche du bonheur. Ce labourage veille à faire de nous, après récoltes, des francs-tireurs infaillibles. Cette réussite besogneuse fait de nous des gens respectables. Des gens ayant gardé leur volonté, leur intégrité ainsi que leur foi. Ce respect assure les attributs du phénix. Quoiqu'il advienne, en cas de contextes futurs dégradés, nos preuves auront déjà été faites ; notre respect, toujours en période difficile, sera durablement ancré dans la sphère sociale. L'expérience acquise saura la clé d'un rebond ravageur. Et même outre-tombe, les bonnes actions seront ancrées dans la mémoire de celles et ceux qui, après rappels, commémorations, badineront à l'idée de savoir que la transmission était belle et pérenne.

Chapitre 9

Cinq années sont passées depuis ma traversée. Soudain, j'ai réussi à régulariser ma situation grâce à un Monsieur Haddad qui, suite à une relation de confiance laborieusement brodée, m'avait fait des fiches de paie. Il avait, la dernière année, monté tout un dossier avec une promesse d'embauche à la préfecture. Nous rêvons tous d'un employeur pareil. C'était mon Auvergnat. Mon raisonnement, répudiant ce système subordonnant dans lequel nous vivions, ne s'appliquait plus à Monsieur Haddad. Ma redevabilité était immense, d'une part pour l'embauche et puis d'autre part, pour son implication. Avouons que je commençais désespérément à m'impatienter. Le temps se faisait long et le doute grandissait. Mon titre de séjour, d'une année, devait arriver sous peu. Revoir sa famille après tout ce temps. Quelle allégresse ! J'occupais une chambre de bonne non loin de Nation. Mon oncle avait acheté un appartement en banlieue. La vie était devenue, jusque-là, réjouissante.

J'aimais de plus en plus le quartier. Les clients étaient généralement de jeunes cadres, dans la trentaine, qui s'intéressaient au style italien : la *bella figura*. J'appréciais toute la clientèle, venant d'un Paris populaire embourgeoisé ainsi qu'une banlieue limitrophe, elle aussi, s'embourgeoisant graduellement. Ce n'était pas la bourgeoisie rondouillarde que je lisais dans les livres réalistes du dix-neuvième, mais bien une bourgeoisie de gauche qui, très ouverte d'esprit, s'intéressait à ma Kabylie natale, aux plats traditionnels de chez nous ainsi qu'à mon parcours. Je sentais chez eux un profond respect pour ma personnalité. Je leur reprochais, néanmoins, moi qui suis issu d'une famille socialiste, d'être devenus apolitiques et d'oublier un peu trop le combat originel de la gauche. Autrement dit, de l'avoir tuée. Enfin, je discutais de pas mal de choses ; ces gens étaient tout de même indispensables à mon architecture humaine. Surtout parisienne. Je copiais leur gestuelle, leur dégaine et même, leur vocabulaire qui, heureusement, venait complexifier et anoblir le mien. Ma construction s'échelonnait progressivement. Ou plutôt, devrais-je écrire, que certaines fondations naissaient tandis que d'autres, innées, se consolidaient. Paris est d'un brassage ethnique magique, où chaque étoile, avec la singularité et la richesse culturelle qu'on lui reconnaît, vient se joindre à la constellation citadine. Le ciel parisien restera toujours brillant, captivant et ne jalousant en rien, les autres capitales globalisées.

Quand une situation, auparavant risquée, s'équilibre, nous regardons en arrière et nous nous disons : « Heureusement que j'ai fait ce choix. » Effectivement, bien que mon périple migratoire ait été déraisonné, je ne le regrette en rien parce qu'il m'a mené à cet équilibre. Une diligence est passée et je suis monté. Cet équilibre resurgissait à chaque fois qu'un client sortait du magasin satisfait. J'étais très apprécié de la clientèle. Des Kabyles, venant s'acheter des costumes, me donnaient de bonnes nouvelles concernant le pays. Ils acceptaient d'emmener les médicaments que j'achetais pour ma grand-mère ; les pénuries d'insuline ne sont pas si rares chez nous. Certains clients demandaient même après moi ; n'acceptant surtout pas d'être rafraîchis, vestimentairement, par les autres salariés. Mon service était reconnu.

L'art de la séduction m'a toujours attiré. Le labourage est ternaire ; se préoccuper de l'esprit et de l'âme, tout en oubliant le corps, est affligeant. Depuis tout petit, je n'arrive pas l'expliquer, les costumes m'attirent. Mon père m'influençait tout comme mon grand-père. Chez nous, les costumes, très courants, permettaient de rester pudique, tout en élégance. C'était une manière, pour l'ancienne génération, de rester décente, de ne jamais montrer, ni les jambes, ni les bras. Cette tradition, appliquée par mon grand-père et tant d'autres, a valorisé, très sûrement, le port du costume à mes yeux. Outre cela, je voyais l'enfance telle une perte de temps. Je voulais rapidement grandir afin de nouer moi-même mes cravates. Me rendre chez le barbier. Avoir une voix gutturale. Devenir souverain et labourer à mon tour.

Cependant, de nombreux changements, pour le moins négatifs, sont survenus au cours de ces années passées. Je n'évoque pas les *camés* qui, finalement, se sont implantés dans le dix-neuvième bien avant mon arrivée. Je parlerais plutôt, d'un sentiment d'insécurité généralisé. Je remarquais, le soir, qu'il était difficile de marcher derrière une personne sans que celle-ci, ne soit inquiétée ou apeurée. Je remarquais qu'il était difficile d'aller demander du feu à quelqu'un. Est-ce la flambée immobilière de Paris ? Et par conséquent, la précarisation qui l'a suivie ? Accompagnée elle-même de comportements sociaux blâmables ? Peut-être que la violence découle de la marginalisation ? Je n'en sais trop rien. La vérité serait complexe à comprendre. Même le terrorisme. A-t-il une contribution significative dans cette insécurité ? Est-ce le chômage des jeunes ? Ou simplement mon expérience personnelle que je généralise ? En revanche, je n'avais peur que d'une seule chose : retrouver les atrocités commises durant la décennie noire. Heureusement que la France en est bien loin. Dieu merci. Mon anxiété est tout à fait naturelle. Parfois, quand nous perdons un proche, nous nous inquiétons davantage, à la moindre nouvelle hospitalisation d'un autre proche. Aujourd'hui, l'insécurité en Algérie découle, en grande partie, de cette décennie terroriste avec un banditisme généralisé. Cette génération de malfaiteurs, chez nous, a vécu la décennie meurtrière et a, parallèlement, rationalisé d'abominables flaques de sang. Une culture de la violence existe dans mon pays natal. Tout de même, les moyens français sont plus conséquents et plus efficaces ; le modèle algérien ne peut être reproduit que difficilement en France. Heureusement. Seuls quelques populistes, démagogues, vendeurs de bouquins, affirment le contraire.

Enfin, les derniers mois, mon anxiété ballonnait puisqu'une harde de mecs commençait, sérieusement, à me faire perdre mon temps. Ils restaient en face du fameux bistrot kabyle, de midi à je ne sais quelle heure, puisque je quittais le travail à sept heures. Le même où nous avions pris, Monsieur Haddad, mon oncle et moi, un verre. Ils traînaient, barbotaient, fumaient de la drogue, intimidaient quelques passants et surtout, dévisageaient les filles du regard. Léa n'a pas été ménagée. Le pire, d'après leur accent, ils étaient Algériens, plus précisément Algérois. Ils ne m'inspiraient pas confiance. Mon instinct m'ordonnait de m'en méfier. En particulier, à l'égard de leur chef de meute. Il ne m'inspirait vraiment pas. J'exprimais une sorte de dédain profond. Ses yeux ne me plaisaient guère. On aurait dit un gnou. Il lui arrivait de m'interpeller : « Pourquoi tu prends une bière ? C'est *haram* tu sais. » De temps en temps, il cherchait à me saluer et je ne répondais pas. Toute ma vie, j'ai suivi mon instinct. Mon jugement. Mon libre arbitre. Mon inspiration. Quand une situation ne m'attirait pas, je n'essayais pas de forcer, de m'égarer dans cette dernière. Mon grand-père me disait toujours : « Quand ça te plaît, ça te plaît ! Quand c'est fait pour toi, tu le sens ! Si tu commences à douter, change de voie immédiatement. » Il a eu raison toute sa vie. Quelle sagesse !

Que dire de l'inspiration ? Est-ce bien ce qui nous manque dans nos actions de tous les jours ? D'après mes grands-frères, d'après tous ceux qui m'ont précédé dans le labourage, la bonne personne et même le grand amour, pour ceux qui l'ont déjà vécu, sont distinguables au premier abord. Tel un ange descendu du ciel, tel un sentiment paradisiaque avec maintes cloisons autour de nous. Nous le savons promptement. En revanche, le côté opposé, pareillement, comporte ses propres signes de reconnaissance. Ne vous est-il jamais arrivé d'être détesté par un inconnu, au lycée, sans aucune raison ? Cet inconnu, en réalité, s'est fié à son instinct. Et la réciproque est vraie lorsque nous répugnons une personne. En l'espèce, il m'est arrivé exactement la même chose avec cet exalté. Affreux, vicieux, mal vêtu et, par-dessus tout, il sentait mauvais. Aucune classe ! On aurait dit, à travers sa physionomie hideuse, un gnou. D'ailleurs, je ne lui adressais même pas la parole. Ignoble. Il venait avec ses amis acerbes, essayer des costumes, mais achetait très rarement. D'une lourdeur insoutenable ! Un jour, seulement, je m'en souviens, il est venu, accompagné de ses larbins, prendre une cravate. Pour une fois ! À vrai dire, je comprenais rarement l'objet de ses visites. Était-ce pour acheter ? Ou bien, pour aborder Léa ? Un jour, il lui a même fait un commentaire désobligeant.

Léa était en couple voire carrément fiancée. Je lisais sur son visage la fatigue. Elle-même ressentait cette lourdeur, crissante, qui commençait à fissurer le plancher de la boutique. Je ne sais pas ce qu'il lui a dit ce jour-là, mais apparemment, selon d'autres collègues, un commentaire assez embarrassant. Pour la première fois, j'ai vu Léa triste. Elle, cette fille magnifique, qui faisait rayonner la boutique par sa bonne humeur, est devenue en une seconde, figée. Je l'ai guettée, larmes aux yeux, submergée par une impulsivité impressionnante. Je suis allé la réconforter en lui demandant de me raconter la scène :

— Mais, que s'est-il passé ma grande ?

— Non rien. Ne t'inquiète pas ! T'es le meilleur.

— J'insiste Léa ! Raconte-moi tout ! Il ne t'a rien dit de mal ?

— S'il te plaît, ne me parle plus de ce connard. C'est la fatigue, demain est une nouvelle journée.

Je n'ai pas voulu creuser afin de ne pas trop attiser sa colère. Déjà que ses pensées devenaient ténébreuses. Quand vous avez de l'affection pour quelqu'un, vous ne pouvez laisser passer ce genre d'incidents. Surtout notre chère Léa. Je l'ai répété tellement de fois dans mon récit, cette fille, touchante, ne méritait aucune infamie. Je n'arrive pas à passer une journée sans penser à sa courtoisie, tant majestueuse que respectable. Et même si, à travers nos analyses sur la vie, nous avions d'innombrables différends intellectuels. Ses idéologies ne m'intéressaient pas. Sa bonté, conférée par le droit chemin qu'elle a emprunté, tôt dans sa jeunesse, me rassasiait amplement. Elle m'a appris un jour, grâce à son initiation à la sociologie, la finalité de chaque individu sur terre. D'un pragmatisme prodigieux, elle a dit : « Nous naissons avec quatre capitaux. Le premier est économique. Le second, social. Le troisième, culturel. Le quatrième, enfin, symbolique. » J'ai essayé de comprendre le lien et elle a précipitamment ajouté, d'un vocabulaire très commercial : « Ton objectif est de les maximiser. Le degré de dotation de ces quatre capitaux hiérarchise les gens sur cette fichue planète. Les riches en sont, logiquement, mieux dotés que les pauvres. Si t'es pauvre et que t'as faim, à toi de cravacher pour les acquérir. » Moi, Ahcène qui suis, par essence un pessimiste, fervent défenseur d'un état malfaisant chez l'Homme, je contemplais cette transmission pleine d'altruisme, innée chez elle. Nous rencontrons des gens, semblables à nous, présents au bon moment, quand nous commençons à perdre tout espoir en cette conscience morale, séculairement promue. Léa en était un exemple. C'était mon Pégase à moi. J'aurais aimé naître à Paris, séduire une belle femme comme elle. Même si nous parlions la même langue, je ne sais pas, mais je sentais une véritable absence de mon côté ; j'ai compris qu'il s'agissait du fameux capital symbolique à combler.

Au fond de moi, je sentais que je devais redoubler d'efforts, dans ma présentabilité, afin de tenir une discussion équilibrée avec Léa. J'ai peut-être eu la bonne intuition, contrairement à Rachid et Toufik, qui n'arrivaient pas, sans exagération, à batifoler plus de dix secondes avec elle. Telles étaient les règles du jeu à suivre. Autrement, sa froideur créait un malaise de galantin. Léa se situait dans une certaine catégorie, pas si loin du sommet, avec des manières d'être éloignées des nôtres. Déjà lointaines à l'égard d'un jeune banlieusard. Donc, encore plus lointaines à l'égard d'un immigré. Bien que ma famille, relativement modeste, appartienne à la toute petite bourgeoisie algérienne, ma valeur symbolique, un peu comme mes diplômes, si nous transposons, n'était pas totalement reconnue en France. Comme quoi, toutes les règles changent d'un hémisphère à l'autre. Léa se singularisait grâce à sa sensibilité transculturelle, tellement rarissime ; elle voyait les choses si différemment. J'estimais fraternellement cette fille en raison de son intelligence. Elle avait, d'une part, la faculté de percevoir l'origine sociale de quelqu'un. Et puis, d'autre part, la faculté de percevoir le potentiel ascensionnel de quelqu'un. D'où son profond respect pour ma personne. Elle m'a redonné, plusieurs fois, confiance. Je n'ai jamais été autant reconnaissant envers une étrangère. Aussi, elle, qui souhaitait devenir entrepreneure, je n'ai aucune inquiétude pour ses futures affaires. La perception exacte n'est pas attribuée à tout le monde. Elle me rappelait constamment : « Tu es bâti à chaux et à sable. »

Trêve de congratulations, revenons à l'essentiel. En résumé, je souhaitais intervenir pour mettre fin à ces intimidations pesantes sur le magasin. Le patron a été rapidement informé, mais n'a pas réagi tel que nous l'escomptions. Je ne comprenais pas. Était-ce par simple crainte de représailles ? Je m'interrogeais longuement sur le gars en question, peu menaçant, qui ne m'impressionnait pas, mais qui exposait des attributs maléfiques.

Deux jours plus tard, je me suis rendu au bureau de Monsieur Haddad, par simple curiosité, et je lui ai parlé de ces multiples intimidations :

— Léa se fait intimider par ces mecs. Êtes-vous au courant ?

— Oui, mais mêle-toi de tes affaires. Je m'en occupe, toi tu vends, et moi je m'en occupe.

— Mais la prochaine fois, vous pouvez quand même appeler la police ?

— Je te paie pour vendre, pas pour me donner des conseils, ça fait quarante ans que je suis ici, si je n'ai jamais eu problème, c'est que je sais plutôt me débrouiller non ?

— Oui monsieur. Mais n'est-ce pas un problème préoccupant ?

— S'il te plaît mon garçon, c'est très gentil de ta part, je sens que tu veux défendre Léa, mais je m'en occupe.

— Très bien monsieur. Mais je vous préviens, si l'un d'eux me provoque, je le fracasse.

Quand je suis sorti, crispé, de son bureau, Léa m'a regardé et est venue à son tour m'aborder :

— T'es vraiment très gentil tu sais, mais parfois, il y a certaines choses qui nous dépassent.

— Comment ça, des choses qui nous dépassent ? Ces clochards viennent t'insulter ouvertement, je ne peux pas laisser passer ça quand même ! N'oublie pas que je suis bâti à chaux et à sable.

— Oui je sais, mais comme je t'ai dit, certaines choses nous dépassent. Alors s'il te plaît, ne t'en mêle plus. Si tu me respectes comme moi je te respecte, ne t'en mêle pas.

Je n'arrivais plus à en croire mes yeux. Pendant quelques jours, j'étais complètement abasourdi. Perdu au milieu d'une stupéfaction débordante. Je devenais un faucon chaperonné. Aussitôt, discrètement et fort heureusement, Toufik mon collègue, m'a proposé d'aller boire une bière le lendemain, après la besogne moderne. Certes, j'avais hâte de me retrouver en terrasse avec lui, face au canal Saint-Martin. Mais, j'étais surtout anxieux, quant au dénouement de cette histoire. Je n'acceptais pas de voir mon amie Léa dans une tristesse morne. Je savais que Toufik m'expliquerait en détail la passivité de Monsieur Haddad. Toujours au courant de tout ce Toufik.

En attendant le lendemain, tout un tas de scénarii défilait dans ma tête. J'ai noté sur mon calepin les scénarii possibles. Avec une colonne, pour le scénario optimiste ainsi qu'une autre, pour le scénario pessimiste. Je retrouvais, d'ailleurs, mon esprit méthodique d'ingénieur. Face à ces colonnes, je repensais à mon histoire. En particulier, à mon grand-père qui, un jour, nous a montré, à tous, l'importance de l'honneur et ce qu'il en coûtait de se dresser face à lui. À ce jour, je ne sais pas si la solitude parisienne faisait travailler ma mémoire, ou bien, si cet esprit pensif était, tout simplement, inné.

Cette histoire m'inspire pas mal, bien qu'elle soit peu élogieuse dans certains milieux, où la notion d'honneur s'avère moins répandue. Je vous l'accorde. Néanmoins, elle peut être tout à fait remarquable dans une région, comme la mienne, connaissant encore des ruines de *vendetta*.

Au collège, je m'étais battu contre un autre élève. Je l'avais frappé. À la sortie, son père, extrêmement furieux, me mit une grosse gifle. Ma joue portait la trace de sa main. Ce jour-là, mon père était en déplacement professionnel à Alger. Je rentrai à la maison en larmes. Mon grand-père me demanda de lui raconter la situation. Ce dernier, très furieux, saisit le pistolet familial et se pointa au domicile de ce lâche. Il lui inséra le canon dans la bouche, tout en lui disant, très calmement : « La prochaine fois que tu oseras toucher à un membre de ma famille, je te tue. » Il revint à la maison, très goguenard, en m'expliquant clairement que, s'il devait donner ses deux yeux pour moi, il n'hésiterait pas un seul instant. Quel courage ! Je restais ébaubi quelques minutes, épaté par son geste. Je l'admirais.

Comment ne pas oublier cet héritage ? Je ne sais pas si c'est inné ou enseigné. Toutefois, c'est plus fort que soi ; ne pas laisser un inconnu corroder sa

dignité. Bien évidemment, de nos jours, ces valeurs, sujettes à l'internement, n'existent presque
plus. Nous prions tous, sans concession, pour ne
pas en arriver à ce point. Chagrinant bon nombre
de familles. Sans faire d'anachronisme, ni de décontextualisation, à l'époque de mon défunt grand-
père, ces valeurs, plaçant la dignité au plus haut
sommet de l'intouchabilité, étaient honorables.

Chapitre 10

Le lendemain, comme convenu, Toufik m'a invité à prendre cette bière dans une brasserie à République. Il a commencé par me parler de politique algérienne. J'ai brusquement stoppé sa lancée : « Peux-tu me parler de Monsieur Haddad, s'il te plaît ? Pourquoi m'a-t-il rembarré hier ? » Il s'est immédiatement tu. Il a fini sa première pinte et en a recommandé une autre. Puis une troisième. Silence religieux, il me fixait longuement, sans dire un mot. J'ai perdu ma patience :

— Parle s'il te plaît !

— Mais te parler de quoi ?

— Tu trouves ça normal qu'une petite frappe, de chez nous en plus, vienne nous emmerder au magasin ?

— Bien sûr que non, mais tu veux te battre contre ces merdes ? T'as tout à perdre alors qu'ils n'ont rien à perdre. Tu le sais très bien ! Ces gens-là sont bien nourris et bien logés en prison.

— Pourquoi me battre ? T'es sérieux ? On appelle la police !

— Appeler la police ? As-tu vu ce quartier de merde ? Les gens vendent de la drogue publiquement. Tu vas appeler la police et elle va gentiment poser ton dossier sur la pile de milliers de dossiers en attente.

— Mais ils doivent être sans-papiers. Ils sont en
irrégularité.
— Ils vont voir la police arriver et courir tout simplement. Tu ne peux pas appeler la police. Et en
sachant que t'es impulsif, tu vas te battre et tout
perdre. Tu vas bientôt recevoir ton titre de séjour. Ne gâche pas tout !
— Je ne gâche rien. On ne va pas continuer à supporter ce troupeau ?
— Laisse les choses s'arranger par elles-mêmes. Je
préviens la police et je vais essayer de parler
avec eux.

À la fin de ce babil, il est allé payer l'addition.
J'ai senti qu'il ne me disait pas tout. Je sais reconnaître l'enfumage dans les yeux d'un Algérien. Je
l'ai interpellé au milieu de la brasserie :
— Tu ne me dis pas tout. Il y a autre chose ?
— Si je te le dis, tu te tairas ?
— Promis. Tu peux me faire confiance après
toutes ces années.
— Bon voilà, Monsieur Haddad connaît ces mecs.
En fait, c'est son frère, propriétaire de plusieurs
appartements dans l'immeuble où se trouve le
café. Il les paye pour intimider le propriétaire
du café.
— Mais comment ça ? Pourquoi l'intimider ? Il
cherche à le dégager ?
— Voilà !
— Mais, c'est le propriétaire du café. Comment le
dégager ?

— En fait, il n'est propriétaire que du fonds de commerce seulement. Je crois qu'il lui reste trois ans encore sur le bail. Tu sais, c'est un Kabyle et il dérange un peu. Ils aimeraient rester entre *Feujs* avec les autres propriétaires. Il a un poids au niveau de la copropriété. Sans oublier que le fonds de commerce pourrait être revendu plus cher avec l'explosion de l'immobilier ici. Bref, il dérange !

— Tu connaissais son frère à Monsieur Haddad ? Je ne l'ai jamais vu.

— Une vraie merde ! Un salopard. Rien à voir avec le patron. Il lui arrivait de passer à la boutique bien avant que tu ne sois là. Sans nous dire bonjour, prenant un costume et sans payer.

— Le problème, c'est que ça se retourne contre nous. Léa est au courant ?

— Bien sûr ! D'ailleurs, elle sortait un moment avec le fils du frère de Monsieur Haddad. Donc, qu'ils insultent Léa, le frère du patron s'en moque.

— Et entre les deux frères, comment ça se passe ?

— Ils ne se parlent plus je crois. Il lui a bouffé pas mal d'argent. Je te le répète, c'est le jour et la nuit. Son frère s'est marié plusieurs fois, change de copine tous les six mois. Il brasse de l'argent et pourrait vendre sa mère pour un euro.

— Merci Toufik pour ces infos. Je sais à quoi m'attendre maintenant.

— Mais s'il te plaît, tu restes en dehors de tout ça.

— Promis.

Je suis rentré tout noirci. L'accablement ruisselait jusqu'au retour à la maison. À cela s'ajoutait une averse orageuse qui mécontentait certaines valeurs que, longtemps et naïvement, je considérais comme insubmersibles. Je ne pensais pas qu'au sein d'une même lignée, il pouvait y avoir de telles différences. Soudainement, je me suis senti privilégié d'avoir une famille pareille. J'ai levé ma tête et j'ai remercié les membres de ma famille qui, parfois en me corrigeant violemment, toujours dans un souci didactique, veillaient à ce que je ne devienne jamais comme le frère du patron : une pourriture du monde réel.

Personne ne pourra jamais comprendre le sens de la vie. Je ne dis bien personne. Quelques-uns, par exemple, prétendent que la mission est d'aider son prochain, de faire le bien, afin de se garantir une place favorisée, dans un au-delà idéal. D'autres, plus adeptes du paradis terrestre, visent à créer une forme de richesse, principalement financière, mais pour le moins extrêmement critiquable, afin de se créer une place dans ce monde réel. Leurs schémas mentaux sont submergés par ce facteur motivationnel : l'argent. D'autres encore, agissent en fonction des deux autres facteurs séculaires, désormais redondants dans ce récit : l'amour et le pouvoir. Tout compte fait, les sens, applicables à la vie, sont infinis. Toutes les modélisations sont applicables. À chaque nouvelle étape de la vie, son sens, extrêmement volatile, que nous lui octroyions singulièrement, dérive continuellement. Plus le projet d'architecture avance, et plus nous parvenons, très subjectivement, à un sens optimal. Je ne prétends en aucun cas, surtout à mon jeune âge, connaître le sens de la vie. J'essaie seulement de comprendre nos comportements, par le biais des trois facteurs précédemment cités. Actuellement, je pense simplement, pour reprendre les enseignements de Léa, que mon objectif est de parfaire ma construction et subsidiairement, celle du monde. C'est pour cela, d'ailleurs, que je suis fasciné par l'ingénieur : avant-gardiste, innovant, au cœur du développement industriel. L'être humain s'est toujours perfectionné. Et bien que cette perfectibilité soit entièrement partiale, elle nous a propulsés à l'élévation actuelle ; les jugements de valeur appartiennent à chacun.

Beaucoup de valeurs, apprises de manière assidue, mais sélective, me captivent. Constamment, il m'arrive de m'embrumer quand certaines de ces valeurs humanistes, malheur à celles et ceux qui les chérissent, succombent. Je fais souvent ce rêve où je vois le monde, tel un vieil Aigle millénaire, voyager au fil des siècles. Chaque plume représente une valeur humaniste ancestrale. Malheureusement, ses nombreux envols l'ont contraint à perdre des plumes. Sont-ce de simples envols ou bien des chasses en battue ? Dans mes rêves, il ne perdait pas ses plumes ordinairement. Pourtant incomestible, il a longuement été chassé pour avoir, à ses dépens, prêché la bonne parole. Aussi magistral soit-il, très souvent, l'Aigle se verra toujours banni, faisant trop d'ombre aux vautours. Dans ce monde réel, buriné d'animosité, l'Aigle ne peut être adulé par les charognards. S'il veut adhérer à leur groupe, il doit s'abstenir de chasser et donc, les suivre, à dépecer des carcasses. Autrement dit, il se voit forcé, s'il souhaite survivre, à cohabiter avec des hordes de vautours. En tout cas, pour ma part, étant impuissant face à cette décadence généralisée, je ne peux qu'admirer l'aura de ce pygargue. Profiter encore un peu de sa beauté avant qu'un coup fatal, s'apparentant au déclin, ne l'achève.

Quand je parle de valeurs perdues, je ne remets pas en cause nos avancées contemporaines. Certaines me conviennent, tandis que d'autres, plus meurtrières, m'ahurissent. Effectivement, je ne peux qu'avoir une attitude socratique à l'égard du système dans lequel je vis. Mais, je préfère laisser place aux chasseresses et chasseurs, me désengager, rester distant et élégant. Je reste fier de cet esprit critique. Tant qu'il restera un esprit critique, ennemi du despotisme, nous resterons pleinement nous-mêmes. C'est un état d'esprit insubmersible, protecteur vigilant contre une quelconque vision dogmatique. De plus, je reste, vraisemblablement, fortement attaché aux valeurs élémentaires : le respect d'autrui ainsi que le respect de soi. S'attacher à ces valeurs est la seule manière de rendre les armes, contre cet Aigle. Ce sont des valeurs fortes, perpétuant notre intégrité et qui, par conséquent, nous empêchent de devenir des serfs. Tant que ces valeurs perdureront, mon Aigle continuera à traverser, siècles et cieux, inlassablement, sans la moindre crainte de déchoir. Ses serres seront toujours aussi tenaces et sa majestuosité, d'une classe grandiose.

L'Aigle n'est qu'un messager besognant à transmettre une ligne directrice. Lui aussi, il partage la séquence du labourage, de l'attente et de la récolte. Les gens comprennent le sens de la vie, subjectivement, en interprétant cette ligne directrice ; les dernières décennies l'ont culbutée jusqu'à une phase d'ébranlement. Or, c'est une force puissante, capable de nous guider. Telle une équipe de football, telle une entreprise, tel un pays, tel n'importe quel système qui, afin d'être en mouvement, nécessite de l'ordre. Une force doit régir un système. Alors parfois, elle prend la forme d'un chef, de directives, d'un Dieu, de plusieurs dieux, d'une autodiscipline... Peu importe. Sans force, l'ordre s'ébranle ; le désordre, jusqu'à preuve du contraire, a toujours mené au déclin d'un système. Mon allégorie de l'Aigle représente cette force. Je crains qu'il ne soit un jour abattu par un chasseur. Lui-même, déraisonné par une raison subjectivement déraisonnable. Lorsque la poudre allumée projettera le plomb, ce triste déclin sera enclenché. Même si ce fameux déclin a été, à maintes reprises, actionné, des âmes pieuses résistent toujours autant ; elles croient hargneusement à l'insubmersibilité. Je leur tire franchement chapeau.

Jusque-là, mon interprétation de cette ligne directrice se résume à de simples choses. Elle pourrait dériver avec le temps. Tout d'abord, laisser une trace positive de notre court passage sur terre ; en effet, l'oubli est une seconde mort. Si nous créons de la richesse économique et que nous léguons seulement cette richesse abstraite, non culturelle, nous contribuons, par avance, à détruire notre patrimoine. Autrement dit, à orner notre transmission, sans se soucier du degré de brique et de mortier engagé dans la construction. Léa me répétait ce proverbe chinois, déjà répété par mon grand-père : « Un homme riche, sans enfant, n'est pas riche et un homme pauvre, avec des enfants, n'est pas pauvre. » Et même sans enfant. Effectivement, la famille, les amis, tant que leur réminiscence est agréable, en raison de nos bienfaits, de nos œuvres, de notre enthousiasme éclaircissant leurs journées, alors la construction est réussie. En voyant le genre d'exactions commises par le frère de Monsieur Haddad, je me dis que nous sommes tous voués à rejoindre un Père éternel. Comme l'Aigle d'ailleurs. Fâcheusement pour la plupart, personne n'a jamais gravé le montant de sa fortune sur son linceul. Ou encore, réussi à inhumer l'ensemble de ses biens, à l'intérieur même, de sa tombe. Nous sommes poussières et nous le redeviendrons. Mon objectif étant de le redevenir honorablement. Comment ? En laissant à nos proches un sourire parce que, justement, nous avons réalisé la leçon qui nous a été mandée. Et quand, nos proches, notre descendance, ressasseront les bonnes actions réalisées, et ce, pendant plusieurs générations, nous aurons, pleinement, fait aboutir notre devoir : immortaliser convenablement notre âme. Aussi, la séquence du labourage présente une véritable portée ternaire. Durant l'existence, elle consolide notre esprit et notre corps ; et cette même consolidation, justement, ancre notre âme dans la mémoire collective.

Chaque peuple est doté d'un Aigle. Bien évidemment, loin d'être parfait. Nos ancêtres ne l'étaient pas non plus. Rien n'est abouti dans ce monde, pas même les mathématiques qui me sont chères. C'est pour cela, d'ailleurs, que nous mathématiciens, existons ; notre but est de parvenir à une exactitude. Néanmoins, nous pouvons choisir les paroles prêchées par l'Aigle. Faire un tri délibéré, labourer en nous inspirant d'autres aigles, issus d'autres peuples, tant que leurs valeurs correspondent à notre finalité. Les aigles et leurs lignes directrices respectives sont de véritables richesses. Elles seules, permettent cette respectabilité objective et sincère qui, à son tour, témoignera d'une construction pérenne.

Chapitre 11

Les jeunes continuaient leurs pénibles intimidations. Rien ne s'arrangeait. Ils tentaient de séduire Léa avec insistance. Insultaient en arabe. Heureusement que nous n'étions que trois à comprendre. Ils parlaient à haute voix au téléphone et fixaient férocement les passants. J'ai pris un café chez le propriétaire kabyle et leur chef, véritable jacteur, dégageant une odeur de cannabis émétique, m'a fait ce commentaire en arabe : « Tu travailles pour ces juifs ? Tu préfères Israël ? Je t'ai vu boire de la bière. » Je maintenais un regard colérique qui lui a fait baisser ses yeux. Et j'ai répondu en français : « Je préfère travailler avec des juifs pour gagner de l'argent, être classe, plutôt qu'être payé par un juif pour emmerder un Algérien. » Quand j'ai vu sa stupéfaction, devant ses amis, j'ai compris le lâche qui sommeillait en lui. Il revenait dans le monde réel. Que de la gueule ! J'en ai connu tellement en Algérie. Une génération de délinquants, ayant vécu le terrorisme et rationalisé la violence de la décennie noire. Ils n'aiment pas le répondant parce qu'un vrai bonhomme ne provoque jamais. Il craint même d'être provoqué, dans la mesure où sa réaction, disproportionnée, risque de lui faire tout perdre.

Nous devions avoir le même âge avec ce gredin. Nous étions, tous deux, Algériens. Sauf que la liberté de choisir apparaît à l'aube de notre adolescence. Nous avons toujours le choix. Bien que l'analyse manichéenne ne soit pas offerte à tous, ou du moins, perceptible, nous pouvons consulter, imiter les modèles de celles et ceux qui ont réussi. Atteindre la vilenie sociale n'est pas chose facile ; je ne peux que les plaindre. De plus, la chute n'est pas toujours surmontable. Mais lorsqu'une famille, bienveillante, accompagnée d'une force de convictions, essaie de nous conduire vers le droit chemin, nous ne pouvons qu'être reconnaissants ; la volonté étant de ne pas les décevoir. C'est le signe même d'une protection, d'une bonté ainsi que d'une bénédiction pérenne. Cette force, pouvant être interprétée de maintes façons, même si nous l'avons parfois abandonnée, ne nous a, quant à elle, jamais abandonnés. Elle est toujours présente, à chaque instant, très fidèle, s'adressant directement à nous, s'apparentant à des signes, gardienne contre les esprits malveillants, et même, rassurante dans notre appréhension de l'avenir.

De retour à la boutique, Léa, à son tour, est venue m'interpeller :

— Pourquoi tu lui as parlé ?

— Mais il me parle. Si je me tais, il continuera. Les gens comme ça, il faut les stopper. L'âne aime le bâton.

— Et s'il y avait des représailles ? Ils pourraient brûler la boutique. Pourquoi, pour une fois, tu ne fais pas le roseau au lieu d'être borné à faire le chêne ?

— Parce que ce n'est qu'une petite brise.

— Une petite brise ? Tu en es sûr ?

— Évidemment ! C'est une merde et tu le sais bien.

— Ne dis pas ça s'il te plaît Ahcène. Tu es mon meilleur ami. Je n'ai jamais vu une personne aussi inspirante que toi. Ils n'ont rien à perdre contrairement à nous. On réglera cette histoire avec la police ou à l'amiable.

— Avec la police ? Tu sais très bien que si ces connards sautent, c'est le frère de Monsieur Haddad qui saute. Je pense démissionner, tu sais.

— Arrête un peu de dire ça ! T'es fou ? Laisse le temps faire son travail. On en reparle après. Et si tu venais passer *shabbat* avec ma mère en fin de semaine ? On en reparlera à tête reposée.

— Entendu, avec plaisir même. Vous habitez où ?

— À Nogent-sur-Marne, pardi ! De Nation, tu prendras le *RER A* et je passerai te chercher à la gare.

— J'ai hâte !

Léa était si aimable. Toutefois, nos avis, sur la vie, en général, divergeaient un peu trop. Nos philosophies, si elles sortaient de la sphère entrepreneuriale, différaient. À chaque conversation, j'avais un certain mal à la convaincre. Certes, elle était d'une bienveillance surprenante, mais ses analyses, différentes des miennes, me contrariaient. Dans les affaires, sa fermeté faisait son altérité, tandis qu'humainement, sa docilité faisait sa crédulité. Avions-nous une différence culturelle ? Ou bien, avions-nous juste un différend sur la conception du bon sens ? En effet, le contexte social, chez nous, pousse parfois à la méfiance. Je crois bien que son schéma mental, formé de déceptions passées, de souvenance dégradée, la conduit aujourd'hui à fuir toute forme de conflit. Elle a raison. Y a-t-il plus désagréable que ce sentiment d'histoire redondante ? Enfin, je l'admirais, tout de même, pour notre divergence. Il est intéressant de voir qu'au sein de ma propre famille, les dissemblances sont grandes. Certains jouissent d'une vivacité d'esprit, d'une éloquence naturelle, tandis que d'autres sont plutôt froids, réfléchis, voire mollassons, dans bien des situations. Alors, imaginez deux collègues, ayant grandi dans deux endroits différents, séparés par une mer. Mais, je persiste, les preneurs de risques m'ont toujours fasciné. J'ai rapidement compris que le succès, la réussite, la prospérité, sous toutes leurs formes, passaient par l'audace, par la démarcation naturelle ainsi que par l'indomptabilité. Je l'ai répété à Léa, une fois arrivé chez elle : je ne la trouvais pas assez percutante dans sa vie de tous les jours.

Sa mère, coquette et raffinée, a préparé un couscous phénoménal. Accompagné de mets typiquement nord-africains, qui me faisaient passer de noble présentable à mon arrivée, à glouton pompette lors de mon départ. L'épaule d'agneau, effilochée, fondait dans ma bouche. Dans ma région, en Kabylie, le couscous est fait au bœuf. Je le mangeais à l'agneau seulement pour l'*Aïd* ainsi qu'à la fête traditionnelle du village appelée *Asensi*. Je retrouvais ce goût festif chez Léa. La semoule s'illuminait avec ce beurre rance. Cela me changeait de l'huile d'olive traditionnelle. Merci à sa mère pour l'instant magique. Nous parlions des juifs d'Algérie qui, tristement, ont dû quitter le pays à la fin du massacre. Nous parlions également du génie juif. Grâce à ma formation, en mathématiques, je leur ai vulgarisé quelques-uns des apports de Paul Lévy en calcul stochastique. Elles étaient bouche bée. Toutefois, j'ai réabordé le sujet initial en fin de soirée. Sa mère nous a laissés pour retrouver sa série télévisée. Je l'ai saluée très chaleureusement en la remerciant pour la soirée inoubliable.

— Tu n'es plus la Léa déterminée que j'ai connue. Pourquoi es-tu si bloquée ?

— Parce que. Je ne veux pas avoir d'ennuis. J'ai prévu d'entreprendre d'ici un an, avoir ma propre boutique de tailleurs, j'ai de l'argent à gagner. Tout cela n'est qu'éphémère.

— Tu pourras m'embaucher ? Tu sais très bien que je pense partir.

— Je n'aurai pas les moyens de t'offrir un salaire immédiatement ! Laisse-moi croître, faire des profits et embaucher. Dans les affaires, il ne faut pas être dans l'émotionnel !

— Toujours aussi lucide et pragmatique. J'aurais aimé que tu ne le sois pas, dans l'émotionnel justement, avec ces misérables.

— Dans l'émotionnel moi ? Tu veux rire. Ils n'en valent pas la peine.

— Si, tu te replonges trop facilement dans ta mémoire. Une bonne gifle ne fera pas de mal.

— Une bonne gifle ? Penses-tu aux conséquences ? C'est toi qui me citais Bergson, comme quoi, tu pensais en homme d'actions et que tu agissais en homme de pensées. Ce n'est pas du tout le cas !

Nous avons terminé la conversation de manière très puérile, voire loufoque. Encore une fois, qui suis-je pour porter un jugement sur sa manière d'agir en état d'urgence ? Je l'aimais bien comme cela. Nos divergences portaient sur quelques concepts de la vie, pas tous. Fort heureusement pour moi. Nous partagions, notamment, une philosophie sur la réussite et ses secrets. Elle soutenait, tout comme moi, que la richesse matérielle n'était pas essentielle. Nous nous transmettions toutes ces belles paroles, léguées par mes aïeux, par les siens, et ce, oralement depuis des siècles. Quand vous avez de l'affection pour quelqu'un, vous ne voulez point que cette personne s'égare ; nos bienveillances et gratitudes étaient réciproques. Surtout quand vous détectez une gentillesse profonde en elle. Vous voulez déchaperonner la buse ou le faucon. Elle a fait de moi un véritable Parisien. J'ai ressorti en elle de nombreuses valeurs berbères ; son nom de famille est Zenatti, ne l'oublions pas. Telle une mission assignée par votre libre arbitre qui, dans une démarche montaignienne, ne considère pas l'enseignement comme le remplissage d'un vase, mais bien, comme l'allumage d'un feu.

À la fin de cette soirée mémorable, en rentrant à la maison, un dilemme est apparu. Devais-je, impérativement, quitter l'affaire florissante de Monsieur Haddad ? Je ne supportais plus, une seule seconde, l'ambiance faisandée qui gravitait autour du magasin. D'autant plus qu'il s'agissait d'un problème familial. En fait, ma gratitude était, envers le patron, trop profonde pour affecter, même sainement, sa famille. Ou alors, devais-je rosser leur caïd ? Non, le vocabulaire est trop soutenu. Devais-je tabasser leur petit chef de bande ? Devais-je lui faire dix points de suture ? Devais-je le torturer en prenant du plaisir ? Désolé de m'emporter, mais je n'aimais pas sa sale gueule. Je savais que le dialogue ne pouvait passer, avec ce type de poltrons. Je ne sais pas pour vous, mais moi, j'ai toujours catégorisé les gens ; il s'agissait bel et bien d'un couard. L'histoire s'est répétée tout au long de mon périple. J'ai toujours retrouvé le même genre de personnes dans ma construction. Les mêmes filles que je côtoyais au lycée, je les ai retrouvées une fois à Paris, malgré la différence culturelle. Les mêmes voyous que je fréquentais à Tizi-Ouzou, je les ai retrouvés à Paris ; ils avaient en commun les mêmes resquilles de parias sociaux. Certes, la vie est une mosaïque sociocomportementale. Mais, les différences, de manière assez paradoxale, ne sont pas si fourmillantes. Et justement, nos expériences permettent d'actionner ce tri sélectif entre les individus ; nous avons cette capacité empirique, basée sur le passé, à classer. Précédemment, dans ce récit, la différence était mise à l'honneur. Finalement, les gens différents, couronnés de succès, ne sont pas si nombreux. En réalité, eux-mêmes forment la même catégorie de différents. J'écrirais même qu'ils appartiennent, en quelque sorte, à l'extrémité supérieure de notre fameuse loi normale. Quant aux larbins du frère de Monsieur Haddad, ils appartenaient, sans hâblerie, à l'extrémité inférieure.

J'ai réfléchi toute la soirée. Je me suis endormi aux alentours de minuit. Le lendemain, samedi, c'était jour de repos. Dans ma tête, je me suis dit, très sereinement, que la nuit porterait conseil. Les enseignements de la lune ne m'ont jamais déçu. Même si, réellement, au fond de moi, j'ai songé à une lettre de démission. Au réveil, je me suis rendu dans un café, rue d'Avron, très tôt le matin. Je sentais le savon de Marseille à des mètres. Je pensais retrouver mon ami garçon de café. Celui qui comprenait les martingales. Mais, définitivement, je n'ai pas de chance avec les histoires de frères. Je suis tombé sur son frère ; plus odieux, plus repoussant et plus inculte. Il m'a apporté un café. À peine fini, il est venu s'asseoir à mes côtés. Il s'intéressait, dans un premier temps, au nom de mon quartier à Tizi-Ouzou, à mon logement, à ma situation matrimoniale, au nombre d'enfants, au nombre de conquêtes, à mes addictions, à mes préférences musicales et même, à mon prénom. J'ai rapidement saisi qu'il n'était pas le propriétaire du café. Quand ses bouffonneries s'accumulaient, j'ai eu l'idée de

lui raconter un peu cette histoire, dans le dix-
neuvième, avec le groupe de cas sociaux.

— Ah non ! Des voyous ? Faut pas discuter avec
eux. À ta place, je cours !

— Donc, s'ils rodent autour de ton bistrot, tu ne
fais rien ?

— Ben ouais ! Ici en France, c'est la diplomatie.

— La diplomatie ? Qu'est-ce que ça veut dire ?

— La diplomatie, tu m'as compris !

— Combien je te dois ?

— Un euro et vingt centimes.

— C'est la dernière fois que je mets les pieds ici,
t'es pas un homme !

Je suis sorti du café, grinçant des dents, avec encore plus de haine pour le frère de Monsieur Haddad. Cet illettré au café me rappelait les pires sor-
didités familiales, avec comme toujours, un
membre laboureur et un autre membre, récolteur.
Aussi, j'ai décidé de déposer ma lettre de démission. Les dernières années m'ont permis d'épargner
assez d'argent ; je pouvais, largement, subvenir à
mes besoins pendant trois ou quatre mois, le temps
de me trouver un nouvel emploi.

Le lendemain, un dimanche, sans me précipiter,
je me suis dirigé vers le bureau du patron. Je lui ai
remis, après ma délibération longue et regrettable,
une lettre de démission. Tout le monde était surpris. Léa, ahurie par ma détermination, n'a pas dit
un mot. J'ai mentionné un motif familial urgent,
alors que tous, Monsieur Haddad inclus en raison
d'une intuition bien avertie, connaissaient la rai-

son. Par conséquent, il n'a pas cherché à m'en dissuader et m'a également libéré de ce fameux préavis de deux mois. Il savait que je savais qu'il savait... Néanmoins, je n'étais pas tant obtus, puisque j'ai tout même annoncé qu'il s'agissait, en réalité, d'une démission temporaire et que, suivant les évolutions, je serais susceptible de revenir. Toutefois, je leur ai promis de rester toute la journée afin de les aider. Premier jour de la semaine, il fallait préparer les marchandises, organiser les tâches, nettoyer les vitrines, passer les commandes et repasser les piles de chemises froissées venant des cabines d'essayage. Tout se déroulait bien. Nous nous remémorions de bons souvenirs. Je ne leur promettais, constamment, qu'un retrait éphémère. Soudain, j'ai vu, au loin, mes compatriotes sacripants. Je suis retombé dans une agressivité débordante. Certes, mes pulsions négatives étaient injustifiables. Elles s'adonnaient inconsciemment à la violence. Mais, parfois, dans certaines cultures, nous apprenons à être dignes, probes, nobles d'esprit, respectueux ; nous ne tolérons aucun acte malveillant. Ni même un vocabulaire inapproprié. Mon identité est ferme, absolue, revancharde à l'égard de quiconque veut la désobliger. Même si elle est, pour les Occidentaux, rétrograde ; en effet, les recours en justice sont plus communs. Elle est, pour moi, insubmersible. C'est ma ligne directrice. Elle devient ma mère quand je vois une injustice, oubliée par la justice, apparaître. Or, entre la justice et ma mère, je choisis ma mère.

Chapitre 12

Mon pressentiment ne m'avait pas trompé. Il ne m'a guère trompé. Tout allait bien jusqu'au moment où Léa est sortie avec sa cigarette électronique. Je servais un client et, subitement, j'ai guetté ces jeunes assoiffés. Leur chef s'approchait progressivement de Léa ; il lui a demandé, je crois bien perfidement, du feu. Très naturellement, avec beaucoup de classe, elle lui a montré sa cigarette électronique, tout en s'excusant de ne pas avoir de briquet. Il s'est retourné vers elle, de manière insistante, en lui demandant de le laisser tirer une petite bouffée. Perdant patience, Léa lui a dit : « Tu ne vois pas que tu m'ennuies et que tu emmerdes tout le quartier un dimanche ? Dégage ou j'appelle les flics. » Très énervé et humilié, tout le quartier a entendu cette affreuse insulte en arabe, devenue argotique et signifiant le sexe masculin, à l'encontre de notre adorable Léa. J'ai vu, pour la première fois, une Léa impulsive qui s'est mise à le gifler. Je suis immédiatement sorti du magasin en courant. Instinctivement, je me suis dirigé vers ce gars en le frappant de toutes mes forces. La chevalière en or, héritée de mon grand-père, avec ses initiales, s'est gravée sur son front. Ses cris retentissaient. Son sang coulait à flots. Ses amis n'ont pas dit un seul mot. Toufik et Rachid se sont, spontanément, mis à mes côtés en attendant la police ainsi que les pompiers. Le malfrat a été le premier à se faire embarquer. Ses amis, évidemment, ont pris la fuite. Bien que les témoins, le propriétaire du café, Léa et les autres collègues, aient insisté auprès des policiers pour me disculper, j'ai fini par être, à mon tour, embarqué. Alors que Léa était sous le choc, Rachid et Toufik se réjouissaient du coup porté. Monsieur Haddad, tout comme son fils David, est resté dans la boutique ; sa peur de voir son frère incriminé s'amplifiait. Léa, à travers la fenêtre, larmoyante, m'a dit : « Merci beaucoup, mais il ne fallait pas. On en reparlera dès que tu sortiras de *gardav*. » Je l'ai rassurée : « Dès que je sortirai du commissariat. Tu verras, ça sera rapide. »

Heureusement que cette satanée histoire est survenue au moment où je m'apprêtais à recevoir mon titre de séjour d'un an ; Monsieur Haddad, dans ma régularisation, m'a été d'une utilité fabuleuse. Enfin, j'avais reçu un justificatif qui me permettrait de récupérer le document à la préfecture. Imaginez un peu si cet idiot devait me renvoyer en Algérie. Arrivé au commissariat, la policière m'a demandé si je souhaitais déposer plainte. Les policiers ont retenu « violences réciproques » ; ce qui m'arrangeait dans la mesure où, quelque part, le coup porté ne m'était pas, juridiquement, favorable. Par chance, je n'étais resté que quatre heures au commissariat, simulant même une lésion à la main pour me rendre à l'hôpital. En effet, je n'ai pas porté plainte. Je crois que lui non plus. Il était même en possession de cannabis, d'après les dires de la policière. Nous nous en doutions un peu. Déjà qu'un simple usage de stupéfiants est puni d'un an d'emprisonnement. Pire, s'il est accompagné de violences physiques, les années sont vite multipliées. J'aurais pu parler d'un délit de non-assistance à personne en danger, si je n'étais pas intervenu. Mais bon, je n'ai pas porté plainte, préférant oublier. Ma haine envers ce petit con était largement assouvie. Toutefois, la policière m'a prévenu : « L'autre n'a pas porté plainte et nous le gardons pour possession de stupéfiants. Néanmoins, si le procureur juge qu'il doit suivre le dossier, il peut vous recontacter très prochainement. » Je suis sorti du commissariat, en partie soulagé. J'avais pris la direction de Nation pour rentrer à la maison. Sur le chemin, encore une fois, j'avais le sentiment d'avoir accompli quelque chose de bon. D'une part, personne n'a le droit de toucher Léa. D'autre part, cet égaré, impie par ses manières et nauséeux par sa dentition noirâtre, méritait une bonne correction.

Sur l'avenue Philippe-Auguste, une voix familière, dans mon dos, m'a interpellé en kabyle : « Alors comme ça, tu ne m'as pas reconnue ? » Je me suis retourné, et agréablement surpris, j'ai recroisé une fille, rencontrée à l'Université.

— Mais que fais-tu ici Mélissa ? Quelle belle surprise !

— Notre cher Ahcène ! Toujours aussi illuminant.

— Tu vis ici depuis combien de temps ?

— Six ans, je fais mon doctorat en mathématiques
à Paris-Saclay. Et toi alors ?

— Je suis là depuis presque cinq ans.

— Tu es ingénieur, je parie ?

— Pas du tout, je suis vendeur dans une boutique
depuis tout ce temps.

— Arrête ! Je me souviens quand tu m'aidais en
maths. T'étais tellement brillant ! Tes parents,
ça va ?

— Oui très bien, je ne vais tarder à les revoir, je
viens d'avoir mes papiers. Et les tiens ?

— Grâce à Dieu ! Les miens vont très bien. Merci
beaucoup ! D'ailleurs, si tu pars, j'ai quelques
médicaments à envoyer. Si ça ne te dérange pas
bien sûr !

— Me déranger ? Jamais ! Dis-moi, es-tu mariée ?
As-tu des enfants ?

— Pas du tout !

— Donc tu n'as pas de mari potentiellement jaloux
si je t'invitais à dîner ?

— Pas du tout ! Avec joie. Mais pourquoi as-tu ce
pansement sur ta main ? Tu n'as pas frappé de
mur j'espère ?

— Ah non ! C'est une longue histoire. Je te raconterai ça la prochaine fois. Prends mon numéro
de téléphone.

— Avec plaisir, mais raconte maintenant si je peux
aider.

— Ce n'est rien du tout je te le promets. C'est peut-
être cet événement qui m'a conduit jusqu'à toi.

— Comment ça ?

— Non, non, rien. Je te raconterai tout en fin de
semaine, c'est bon ? J'espère que tu aimes la
bouffe italienne ?

— Et comment !

Je voyais dans ses yeux beaucoup d'éclats. Je
l'adorais à l'Université. Charmante, studieuse, di-
plomate. Physiquement, elle ressemblait à Léa.
Étonnant d'ailleurs. Ces retrouvailles m'ont fait
rappeler l'intérêt que j'avais pour les mathématiques, avant de devenir vendeur. Elle aussi
m'adorait. Finalement, si je n'étais pas allé au
commissariat, je ne l'aurais jamais recroisée.
J'oubliais la dure journée qui venait de s'abattre sur
moi en un instant. En rentrant à la maison, les
rayons du soleil s'acharnaient. Son coucher était
d'une beauté éblouissante. Je sentais qu'un nouveau départ se manifestait. Outre la pleine lune qui
apparaissait juste après, en ce début de mois de
mars, la brise printanière effleurait mon corps ainsi
que mon esprit. Si les fleurs, chaque printemps,
prospèrent, même nos pensées fleurissent.

Le lendemain, Léa, affablement, m'a téléphoné.
En fin de matinée, elle était allée déposer plainte
contre son agresseur et par la même occasion, dé-
noncer les manœuvres douteuses du frère de Monsieur Haddad. Elle avait tout *cafté*. J'ai essayé de
comprendre son geste : « Tu n'avais pas besoin de
faire ça. J'ai peur que cela vienne délabrer tes relations avec le patron. » Poussant un rire apaisé, elle
m'a répondu : « J'ai quitté cette affaire. Je lui dois
tout, mais il n'avait qu'à raisonner son frère. C'est

entre eux deux désormais. Je n'ai pas à en payer les conséquences. Haddad ne risque rien bien sûr. Il aurait dû réagir bien avant. Je n'ai pas aimé son attitude de lâche hier. T'es le seul à être sorti de la boutique. T'es un homme ! Je sais que tes principes de gratitude ne voulaient pas attrister le patron. Hélas, nous avons une vie à bâtir. Hors de question, qu'elle soit gâchée par Haddad, qui a déjà bâti la sienne. » Je suis resté étonné pendant un long moment. Je l'ai remerciée au téléphone. Elle a conclu : « Au prochain *Shabbat*, c'est bœuf bourguignon. En revanche, pour la viande, *glatt*, tu l'achètes toi-même chez le boucher ! » Je riais aux éclats. Mon Dieu ! Si ce malfrat l'avait blessée, j'aurais eu des regrets toute ma vie. J'ai terminé par lui demander : « Que prévois-tu de faire maintenant ? Ton projet entrepreneurial ? » Finaude, elle a répliqué : « N'oublie pas que mon mec a de la *maille*. Je voulais me reposer un peu en Israël, entre Haïfa et Tel-Aviv, avant d'entreprendre ! » Enfin, je l'avais, cette fois-ci, bel et bien retrouvée notre Léa adorée.

J'arrivais en fin de semaine, toujours en attente de ce titre de séjour. J'échangeais souvent avec Mélissa qui, pour le samedi d'après et donc quinze jours après sa rencontre, avait réservé une table au cours de Vincennes. Les deux semaines ont été longues. Des moments de solitude pouvaient parfois m'envahir. Je m'apercevais que l'inoccupation allongeait le temps ; l'employabilité du temps, si elle n'est pas accompagnée de motivation et de créativité, devient rapidement morose. Heureusement qu'il me restait de la motivation ; Léa et Mélissa veillaient à raviver cette flamme. Je n'oubliais pas d'appeler mes parents. En l'espace d'une seconde, dans l'inoccupation, ma mémoire pouvait basculer dans un négatif troublant, ressassant ainsi, des souvenirs noirs, voire meurtris, qui me suivent depuis mon tout jeune âge. Aujourd'hui, avec un peu plus d'expérience, mon esprit, plus aguerri, parvient à mieux les vaincre. Je parle, sans aucun doute, de ces pensées négatives : mes éternelles fidèles.

De petites manœuvres, comprises au fil des années, me confèrent désormais l'habileté d'empêcher ces blocages, ces idées noires qui, me mettent dans un état, tant moribond moralement que mollasson physiquement. J'ai mis du temps à comprendre le pouvoir du lien familial, amical, ou même social. En effet, aussitôt que je le perdais, une sorte d'errance, jamais bienfaisante, reprenait systématiquement le dessus. À la fin de cette aventure dans la boutique de Monsieur Haddad, je me suis senti délaissé, écarté et malheureusement, cette solitude était la meilleure alliée du désarroi. Rachid et Toufik envoyaient, de temps en temps, des messages. Léa appelait tous les deux jours environ. Mais, le changement était radical. Au début, j'avais vécu mon immigration comme le passage d'un environnement chaleureux, me choyant pour mes réussites, à un Paris froid, où je n'étais plus ce garçon prodige, adoré par tout le quartier, notamment pour son sens du collectif. La vie est pleine de rebondissements. Or, une fois que la terre, de ce nouveau champ parisien, n'avait plus aucun secret, une nouvelle terre, encore inconnue à ce moment précis, m'était promise. La solitude s'amplifiait durant cette période transitoire.

Enfin, j'essayais quand même de positiver ; ma gratitude n'était pas toujours manquante à l'appel, malgré les épreuves poignantes, où je me jurais de tout surmonter. Déjà, j'avais vu mon immigration à Paris tel un nouveau départ, une chance qui m'a été offerte, une diligence à ne pas manquer. Et si ma démission n'était qu'une nouvelle diligence ? Je me disais : « Puissent les signes apparaître et me montrer la nouvelle diligence qui m'a été envoyée. » De plus, afin d'éviter tout moment d'isolement, il m'arrivait également de discuter avec des gens peu sociables. Pourvu que je garde ce lien social ! Imaginez, je connaissais un chauffeur routier, originaire de mon village natal, avec qui je discutais souvent au téléphone. Et pourtant, la sociabilité n'était pas son fort. Est-ce à cause de ses heures passées seul, au volant, depuis deux ou trois décennies ? Je n'en sais rien. En tout cas, les supplices étaient impressionnants. Très désagréable, négatif et borné. Mais faute de grives, nous mangeons des merles. En un mot, j'aimais cela, avoir un interlocuteur, plutôt divertissant. Je notais sur mon calepin les innombrables niaiseries qu'il racontait ; à partir de l'instant où, un raisonnement burlesque va au-delà du monde réel, il faut l'archiver.

De mon côté, je dois avouer que mes intentions étaient malicieuses avec ce lourdaud. En fait, je prenais en note ses histoires, parfois rudement transformées, au téléphone, ou durant deux bonnes heures dans ce café à Belleville. Après épuisement, avec tout ce qu'il bavassait, j'appelais toujours mon père afin de lui répéter les absurdités entendues. Nous riions dix courtes minutes, puis il me passait ma mère, ma grand-mère et je raccrochais.

Est venu, tout de même, cet instant où je m'étais lassé de ses dires. Un moment crucial dans une construction amicale où l'interlocuteur se hisse dans une position de conseilleur suprême ; chose que je répugne. J'avais même tendance à dire à cette catégorie de personnes : « Montrez-moi vos semelles usées. » Endosser ce rôle doit sûrement apaiser leur conscience. Ce rôle est incarné par celles et ceux qui n'ont rien fait, jamais roulé leurs bosses et qui, à travers une condescendance créée *ex nihilo*, cherchent à justifier leurs inactions ou bien, à se réconforter. Une vraie personne bienveillante, expérimentée, sait à quel point les conseils répétitifs peuvent offusquer l'interlocuteur. Une personne avenante agit tout d'abord avec classe, cherche à comprendre l'autre et dans une démarche accompagnée d'encouragements, cherche à le conseiller subtilement, implicitement. Cette personne en question connaît les limites d'un discours. Autrement dit, le point de vexation. Quoi qu'elle fasse, cette personne saura toujours plaire, écouter et garder l'amabilité qui la définit.

Il faut être confronté à la solitude, ou plus exactement la subir, afin de comprendre que les solitaires, sous son emprise, cherchent constamment de la bienveillance. Même si, avant cette traversée migratoire, je savais que l'étape serait rude, je pensais qu'en contrepartie, il me serait aisé de trouver des gens bienveillants à mon égard. Puis, le désenchantement a pris forme avec ce genre d'individus insoucieux. Encore une fois, bien que cette étape soit synonyme de construction, dans la mesure où nous apprenons à mieux nous connaître, elle reste, néanmoins, un parcours laborieux. Pour mettre fin à nos discussions, je lui ai raconté cette histoire, pleine de bon sens, mais également remplie d'assainissement moral.

C'était un millionnaire qui, à la sortie d'une église, prit un cigare et commença à l'allumer devant la foule. Un autre homme, à ses côtés, se mit également à sortir, cette fois-ci une cigarette, mais n'avait pas son briquet. Il lui demanda très poliment : « Auriez-vous du feu cher ami ? » Le nanti lui fila un S.T. Dupont, très luxueux, tout en ajoutant : « Mais avec plaisir, cher monsieur. » En le saisissant, l'homme, de nouveau, lui demanda : « Mais pourrais-je savoir quel est le prix de ce cigare ? Il doit être dispendieux non ? » Assez surpris de cette question, quelque peu indiscrète, le bourgeois répondit : « Je dirais environ six-cents francs l'unité. Sachant que je les achète en coffret. » À l'époque, les prix étaient en franc. Ébahi, le curieux lui lança : « Et vous en fumez combien par jour ? » Assez agacé, ce fortuné, par élégance, lui dit très simplement : « Quatre ou cinq par jour, dépendamment de mon humeur. » Abasourdi, l'impudent fit un calcul et prodigua ce conseil : « Dans ce cas, cela fait trente-cinq cigares par semaine. Un peu moins de deux mille par an. Donc si vous arrêtez de fumer pendant cinq ans, vous serez capable d'acheter la plus belle villa de la commune ! » D'un rire un peu espiègle, l'industriel répliqua à cet éhonté : « Mais monsieur, je suis déjà le propriétaire de cette villa. »

Par prudence, j'ai toujours préféré ne pas prodiguer de conseil. Je pense qu'il est plus humble d'observer, d'écouter, sans toutefois, faire l'expert averti. Les ressources pécuniaires, ou intellectuelles, ne sont jamais similaires. Certains sont dépourvus de moyens, je les déplore, tandis que d'autres, gagnent des masses. Certains brassent de l'argent, d'autres travaillent laborieusement, et tandis que d'autres encore, attendent résolument des pourboires divins.

Parallèlement, je dois avouer que mon comportement est parfois compliqué. À part, ma famille, et cela ne concerne que moi, je n'ai jamais perçu de bienveillance venant d'un conseilleur étranger. Je vois toujours la supériorité narcissique primer sur le côté constructif. Je n'apprécie pas non plus celles et ceux qui, perfidement ou inconsciemment, agissent sans aucun filtre, aucun tact, et qui oublient de peser leurs mots. C'est peut-être le mauvais côté de mon héritage familial : susceptibilité, fierté, orgueil et déni. J'espère que ce ne sont pas, cette fois-ci, des principes insubmersibles. À titre d'exemple, j'avais un oncle, à l'époque où beaucoup de Kabyles investissaient dans le transport routier qui, faute de moyens, a investi dans un petit camion. Alors que, de nombreux villageois achetaient des camions, plutôt grands, le sien, paraissait simplement, plus modeste. Ma foi, il était amplement suffisant et plein de charme pour réaliser ses activités de l'époque. Enfin, un jour, pendant qu'il roulait – nous étions dans les années 1970 – il a vu au loin une connaissance faire de l'autostop et s'est arrêté pour le prendre avec lui. L'autostoppeur, une fois dans le camion, après l'avoir remercié, lui a dit : « C'est gentil de me prendre dans ta camion-nette. » Froissé, le vieil oncle, après avoir brus-quement freiné, lui a répondu expressé-ment : « Alors déjà, si tu dis camionnette, tu ne viens pas avec moi. Ça, c'est un camion ! » Il l'a laissé sur le bord de la route.

Pour en revenir à la solitude, elle ne m'était guère lointaine ; c'était l'une de mes fidèles accom-pagnatrices. À chaque étape de ma vie, sans savoir exactement pourquoi, je la pressentais à mes côtés, me serrant très fort. Cinq années d'études pous-sées, en mathématiques appliquées à la finance, ont nécessité un repli sur soi, une solitude. Ne pas être seul pour surmonter cette épreuve est ardu. C'était l'un de mes premiers coûts de construction. En outre, je me sentais encore seul, avant de quitter le pays ; en effet, j'étais dans une période de délaissement, quand je voyais les filles du quartier, se marier une par une. Ces filles, que j'ai vues grandir, avec qui je passais des moments d'enfance extraordinaires et qui partaient, progressivement. À ce propos, j'attendais mon tour vainement ; c'était l'une des motivations qui m'ont poussé à partir. Je me disais, très honnêtement, que ce pays ne présageait rien de bon sous toutes ses formes. C'est délicat à assimiler quand même. Ajoutons à cela la tragédie familiale qui a suivi. Non, les signes étaient bel et bien lisibles ; je devais partir.

En France, la boutique du dix-neuvième était ma première séquence de labourage, d'attente et de récoltes. Le champ conquis, je me retrouvais dans cette période transitoire, à attendre une nouvelle séquence. Pour la première fois, et même si la durée n'était que de deux semaines, le mal du pays se distendait ; un profond désarroi m'envahissait. Je remarquais des tremblements de la paupière. J'essayais, outre les discussions, de me réconforter en allant dans des quartiers semblables à mon pays. Je parle de cette France, non pas délaissée, mais périphérique, subordonnée à une autre France où les quatre capitaux, cités par Léa, pullulent à foison. Un peu comme la subordination de mon pays, si nous devions transposer cela à l'ordre international. Par ailleurs, si mon pays n'était pas subordonné, je ne serais pas un immigré, mais un expatrié. Or, je suis un immigré. Enfin, je m'y plaisais bien dans ces quartiers populaires ; je n'étais pas tellement habitué aux avenues illuminées. De plus, comme tout immigré, je préfère mille fois, voire un million de fois, la partie assujettie de la France à la partie dominante de l'Algérie.

Ai-je rationalisé une sorte de culture subordonnée ? Vraisemblablement, oui. Cependant, je retrouvais dans cette deuxième France un caractère collectiviste, avec lequel j'ai grandi, et qui, aujourd'hui, tend malheureusement à disparaître ; les valeurs propres à la banlieue rejoignent, peu à peu, celles d'une France dominante, individualiste, froide et rationaliste. J'ai peur que nous perdions ce charme social en France, caractérisé par une entraide collective, au profit d'un égoisme généralisé et rempli de vanité.

Chapitre 13

Les deux semaines écoulées, je devais retrouver Mélissa au cours de Vincennes. En face du magasin Printemps. Cet endroit me touchait puisque mon arrière-grand-père, ayant rejoint d'autres cousins, y travaillait à la fin de la guerre. Mon arrière-grand-père, à ce sujet, m'a dit : « Mes oreilles sifflaient encore à cause du train pris pour Paris quand j'ai été embauché. » Mélissa devait m'attendre à la sortie du métro. Je l'ai aperçue de loin, proche du tramway, toute ravissante et sans être grimée de produits chimiques ; je n'aurais pas espéré mieux de nos jours. Toute la soirée, nous parlions de nos parcours. Elle rédigeait, en plus de sa thèse, des articles scientifiques et enseignait en tant que chargée de cours ; j'enviais sa nouvelle vie. Quand je lui ai raconté ma dernière péripétie, elle s'est mise à rire. Je lui ai demandé des explications :

— Mais pourquoi ce rire moqueur ?

— Ce n'est pas un rire moqueur. Tu sais, ton histoire, et bien ton grand-père a fait la même chose dans les années 1970.

— Comment ça la même chose ? Comment le sais-tu ?

— C'est mon père qui me l'a raconté. La nièce de ton grand-père, donc la cousine de ton père, avait perdu son père pendant la guerre. C'est ça ?

— Oui, je la connais très bien. Et donc ?

— Elle a bien grandi chez vous ?

— Exactement, mais je n'étais pas né.

— Si, elle a grandi chez vous, avec sa mère, donc la sœur de ton grand-père et toute ta famille.

— T'es bien informée toi ! Même plus que moi.

— L'histoire est connue dans la région et même en ville. Un jour, l'oncle paternel de cette fille est venu pour la récupérer, en raison de sa beauté, afin que son fils l'épouse ! Tu sais que son oncle était craint dans la région ? Ton grand-père n'a pas apprécié les instructions données par son oncle, très aigri, méchant et arrogant. Il l'a donc provoqué en duel ! Et accessoirement, provoqué tout le clan de cet oncle.

— Vraiment ?

— Le lendemain, ton grand-père s'est rendu au marché communal, où avait lieu ce genre de rendez-vous, avec un pistolet. Personne n'a osé venir. Tu comprends pourquoi je ris ? Je sais d'où tu viens désormais.

J'étais éberlué. Frappé de stupeur au point de ne pas finir mon tiramisu. Quelque part, elle aurait pu m'en faire un autre puisque ce dessert est à la mode chez les Maghrébines. Elles rajoutent de la fleur d'oranger ; toujours dans l'innovation exubérante, nos chères mères et chères sœurs adorées. Je la remerciais longuement pour ses bons mots. Ils m'ont redonné beaucoup d'espoir. Ces histoires familiales nous poussent à écrire des suites. À faire des réécritures. Certains soutiennent que l'Homme suit un intérêt personnel. D'autres le moralisent en soutenant que l'Homme doit suivre un intérêt collectif. Jusque-là, l'histoire m'a poussé à suivre un intérêt familial. Peut-être que de nouveaux événements aléatoires me feront changer d'avis. Pour l'instant, ce n'est que ma seule priorité. Que le monde soit confronté à nouveaux changements systémiques, à l'international, ou bien une guerre entre la Chine et les États-Unis qui, dans un piège de Thucydide, sont voués au conflit, militaire, commercial ou vaccinal. Je m'en moque : seule ma famille me préoccupe. Seules ces valeurs de dignité, léguées par ma famille, me préoccupent. Je remercie Mélissa pour ce rappel. À la toute fin, j'ai payé l'addition, malgré son refus insistant. En la raccompagnant vers le métro Porte de Vincennes, elle m'a proposé de contacter son directeur de thèse afin de lui proposer une éventuelle thèse. Je n'ai pas tout saisi sur le moment. Elle m'a dit : « Tu as toujours été brillant en mathématiques. Ne gâche pas tes chances ! Tu pourrais nous faire une très jolie thèse. » Je lui ai répondu très aimablement : « Merci, je t'écris dans la semaine. » Après une bise, un câlin, elle s'en est allée, se dandinant joyeusement dans les couloirs du métro.

En rentrant à la maison, je sursautais. En effet, j'avais oublié, pendant ces longues années, le mathématicien qui sommeillait en moi. Je n'ai évidemment aucun regret dans la mesure où j'ai gagné de l'argent, appris à suivre des objectifs professionnels et à développer mes compétences interpersonnelles. Si j'étais resté ingénieur, sans être enseignant et par conséquent, sans développer mes capacités pédagogiques, j'aurais été un être plus froid, cartésien. Extraverti de naissance, il est regrettable qu'une formation cartésienne m'aliène. Assis, devant ma table servant de bureau, de buffet, de table à manger et de table à repasser, mon inspiration m'insufflait une série de sujets possibles. Par conséquent, j'ai pris un stylo à bille ainsi que mon calepin. Je n'avais pas de sujet précis, mais, abondamment, l'encre dispersait des thèmes par douzaines. Je pensais à une thèse reprenant les processus de Hawkes. Une autre inspiration me dirigeait vers le *pricing* d'options avec résolutions d'équations aux dérivées partielles. Un autre sujet encore, mieux maîtrisé, m'orientait vers la modélisation d'un carnet d'ordres avec des processus à sauts. Cette soirée a été mon événement déclencheur. C'était mon processus auto-excité. Le mien. Si j'avais su que cette attente de deux semaines me mènerait à ce déverrouillage sain, j'aurais été plus aimable avec le chauffeur. Plus résistant au désarroi. La sagesse, transmise tout au long de ce récit, aurait été mieux appliquée.

Chapitre 14

J'ai reçu mon titre de séjour deux mois après l'altercation physique. Tout redevenait normal. Aucun procureur ne m'avait rappelé. Mélissa m'a présenté un futur directeur de thèse. Très intéressé par les thèmes suggérés, il m'a proposé un entretien téléphonique pour en discuter de manière plus approfondie. À coup sûr, Ahcène, tu seras doctorant. Telle était la nouvelle séquence prédestinée ! Adieu la période d'attente. Salutations à la récolte et à un nouveau labourage. Par ailleurs, ce professeur s'appelait Monsieur Haddad. Il était d'origine syrienne ou libanaise.

Toutefois, ces deux mois n'étaient, hélas, pas tendres. Mes journées se ressemblaient presque toutes. J'attendais que la situation se déverrouille ; Léa était en Israël alors que Mélissa préparait les examens de ses étudiants. Comme beaucoup d'amis immigrés, une sorte de point mort social décrivait nos vies. L'espoir décrivait nos pensées. Sans lui, véritable facteur motivationnel, le temps serait plus long et moribond. Nous développions également des tactiques, afin de ne pas perdre cet espoir ; élément crucial dans une quête d'intégrité. Notre longue construction humaine exige de la persévérance. L'espoir empêchait toutes ces perturbations, venant pour la plupart, d'un environnement lugubre. Je ne parlerai pas des arrière-pensées faisandées de la population, créées en grande partie par ce même environnement, mais plutôt de notre condition humaine, dégradée, s'arrimant parfois, à un panier de crabes. Aujourd'hui, avec un peu plus d'expérience, je commence à comprendre que cette condition est générale et non pas applicable, uniquement, aux miens. Dès l'instant où, la difficulté regagne nos pensées, nous perdons la construction sociale, nous revenons à l'animalité qui, malheureusement, s'apparente beaucoup plus, à un instinct malfaisant.

J'ai davantage compris la généralisation de l'absurdité humaine à Paris. Une ville occidentale, humainement, ne diffère donc pas d'une ville orientale ; les lois statistiques, bon sang, sont universelles. En effet, nous étions en pleine crise sanitaire. Certes, le comportement moutonnier de la population n'est pas critiquable puisqu'il a permis de sauver des vies. Cet effort collectif nous a été indispensable. Comment ne pas les en remercier ? Ces pauvres. En revanche, durant cette crise, je trouvais critiquables les médias qui, dans un désir cupide de relayer des informations, très souvent biaisées, attisaient nos craintes. D'ailleurs, afin de ne pas perdre espoir, je m'étais juré de ne plus regarder les informations. Surtout en continu. J'en sortais systématiquement cafardé. Nous sommes passés du serment d'Hippocrate au serment d'hypocrites. Toutes les idéologies se mêlaient. Certains cherchaient à accroître leur pouvoir, d'autres leur richesse et enfin, d'autres encore, un narcissisme moderne synonyme de notoriété et de respectabilité faussées. Pire, je trouvais encore plus burlesques ces médias qui, dans un élan économiquement insatiable, inquiétaient les foules avec des prédictions issues d'une pure vilenie scientifique ; elles-mêmes, prononcées par des médecins issus de l'arrière-garde médicale.

Cependant, mondialement, j'aurais aimé que l'esprit critique se globalise au détriment de l'absurdité. Mais bon, il a toujours été dans l'intérêt du loup que les moutons soient gras et abondants. Dès que les médias exposaient l'avis d'un médecin, sans préciser les intérêts pharmaceutiques qui gravitaient autour de lui, ou son ancrage idéologique, les populations occidentales s'affolaient. Pas toutes et fort heureusement. Certes, les mots sont durs. Toutefois, je ne peux qu'admirer les cultures qui, n'en déplaise au reste, gardent cet esprit critique afin d'agir. La France, tout comme l'Algérie, ne se soumet pas si facilement aux *diktats* modernes. Les manifestations en sont la preuve. Je ne regrette pas ma destination : ce pays était fait pour moi. Dans bien des pays, il ne s'agit que d'une seule partie, aux attributs réfractaires, de la population. Je l'admire ! Ce sont les véritables gardiens de l'insubmersibilité démocratique. Eux seuls ont le pouvoir de destituer. Tant qu'ils seront présents, toujours éveillés, courageux et sans répit, les chasseurs et chasseresses auront du mal à abattre l'Aigle. Cet esprit critique, je le retrouvais davantage dans les quartiers populaires ; c'est-à-dire, en dehors des grandes métropoles.

Les gens ne comprennent pas cette loi humaine, applicable à toutes et à tous, affirmant que chaque personne suit une idéologie, un intérêt précis. L'impartialité n'est jamais parfaite. J'ai bien peur que le consensus ne soit qu'une perfidie, visant à masquer la meilleure part du gâteau, réservée, *in fine*, au vainqueur. Un peu comme chez les économistes, les avis médicaux divergent tout naturellement. Personne n'avait la vérité absolue sur la pandémie. Néanmoins, les politicards vasouillaient, les médecins spéculaient et la population s'effrayait. Sans oublier les journalistes qui, selon l'intérêt économique et idéologique de leur média, je le répète, attisaient nos frayeurs en orchestrant des débats médicaux sans véritable exactitude. Durant une crise économique, si vous organisez un débat entre keynésiens, libéraux, monétaristes et marxistes, vous obtiendrez une belle dissemblance intellectuelle. Un peu comme dans toutes les disciplines ; l'exactitude ne peut être atteinte. D'où la nécessité des mathématiques. Un jour sûrement. Mais les équations qui nous ont été données sont complexes, longues, indiscutablement infinies. Ce jour-là, nous parviendrons à une vérité absolue où les mathématiques joueront un rôle crucial. Comprenez-vous, désormais, mon choix de parcours en mathématiques ? Oui, j'aime profondément cette recherche de l'exactitude. Demandez donc, à un biologiste, de vous expliquer la vie. Il ne saura pas.

Tant que nous sortons d'une discipline mathématique, l'esprit critique et la curiosité restent des éléments protecteurs de l'intégrité. Elle-même, garante d'une architecture humaine probe, aboutie et insubmersible. Si nous nous affolons à chaque dire gouvernemental, médiatique, ou autre domaine, hors mathématiques, alors nous revenons à une sorte de despotisme contemporain allégé, proche de la sordidité intellectuelle et bien loin de notre précieuse intégrité. Personne ne connaissait la réelle nature de la pandémie. Personne ne connaît parfaitement la nature d'un système actionné. Tant qu'un système fonctionne, tel un dé tournant sur lui-même, sans s'arrêter, l'information finale est toujours nulle. Il faut absolument qu'un système cesse, pour que son information, prédestinée ou non, soit enfin connue. Les érudits peuvent émettre des hypothèses, les actionnaires spéculer, les scientifiques prédire, empiriquement ou non, si le système est vivant, alors l'information colportée est imprécise. Seuls les historiens, s'ils sont rigoureux, auront la réponse. Aussi, les réponses seront exactes à la toute fin de cycle pandémique : puissent les historiens être rigoureux dans leurs recherches.

Depuis quelques décennies, l'esprit critique ainsi que l'éveil intellectuel, se sont complètement dégradés. Ou plutôt, métamorphosés ; les combats originels ont donné naissance à des variants. Je n'emploierai pas la terminologie d' « abrutisation » de la société, même si elle me turlupine en raison de ses quelques caractéristiques véridiques. Mais, aujourd'hui, je m'indigne lorsque la critique est systématiquement affublée de conspiration. Je m'indigne lorsque le système scolaire n'apprend pas la créativité aux jeunes. Ils sont conditionnés à devenir de bons employés, avec des tâches assignées et s'ils ne les exécutent pas, la correction devient sévère. D'où, je le répète, mon irréfutable respect pour ces professeurs qui nous ont appris à réfléchir. Je les salue très profondément. J'ai eu d'excellents professeurs qui, pour reprendre cette belle chanson de Brassens, étaient mes Auvergnats à moi. Je dis, heureusement que de nombreux professeurs sortent de cette pensée unique, exigée par un système caporalisant, transmettent les bonnes valeurs insubmersibles et veillent à protéger l'esprit critique ; l'un des piliers de l'intégrité. Je les remercie pour leurs enseignements. Ma future thèse soutenue sera mon nouveau labourage. Ces professeurs m'ont offert une terre immense. Riche, abondante et prometteuse. Quoi qu'il advienne de l'acceptation de ma thèse, de mon futur directeur ou de ma future directrice de thèse, ma profonde gratitude va aux professeurs que j'ai eus. Et qui, malgré leur manque de moyens matériels en Algérie, ont su être patients, me corriger et enfin, veiller à ce que la construction ne soit pas labile. Que Dieu bénisse toutes ces professeures et tous ces professeurs. Leurs enseignements sont insubmersibles ; sans eux, je n'aurais jamais rebondi.

Telles étaient mes pensées durant ces deux longs mois. Négatives, aigries, animées de déception, mais critiques. Je ne les regrette pas. Où que j'aille, elles doivent me suivre ; elles sont issues de valeurs qui, elles-mêmes indomptables, découlent de l'insubmersibilité. Ânonnements et regrets doivent être bannis une fois la construction aboutie. Pour ce faire, l'architecture exige de la solidité. Rien ne peut être laissé au hasard. Les valeurs indispensables ne doivent pas être frivoles. Le travail de transmission était pesant pour les générations antérieures. Finalement, elles cherchaient, tant bien que mal, à ce que le flambeau ne s'éteigne guère. À quoi auraient servi leurs différents récits oraux ? Ne serait-ce pas regrettable de laisser une bâtisse, construite par nos aïeux, à l'abandon ? Où chaque brique raconte aujourd'hui une histoire ? Où chaque grain de mortier a été laborieusement composé de belles valeurs ? Ou plutôt, de valeurs fondamentales insubmersibles ?

Enfin, l'appel téléphonique, avec ce nouveau Monsieur Haddad, m'a confirmé un nouveau labourage. Il fallait simplement valider le sujet en septembre avec la faculté. Mon dossier, grâce à l'aide inconditionnelle de Mélissa, était retenu. Cela me laissait largement le temps de rentrer au pays pour les vacances d'été. J'allais oublier une petite parenthèse sur le chauffeur routier. Au lieu de dire « saison estivale », il disait « saison festivale » ; il était finalement touchant. Il s'est même réjoui pour le doctorat.

C'était l'histoire d'une architecture humaine. Celle d'un jeune kabyle, à la croisée des cultures et confronté à un croisement où deux mondes s'opposent. Le premier est le sien, celui d'Ahcène, de la modernité, du progressisme, de la réussite scolaire, de la mondialisation, bien plus individualiste que l'autre et préférant le réel. Le second monde, voire l'ancien, serait plutôt celui de son grand-père. C'est-à-dire, un monde moins consensuel, mais avec des paroles probes. Implacable, mais aux valeurs plus fraternelles. Conservateur, mais avec tout de même, une rigidité intellectuelle, garante de respectabilité. Ce second monde préfère, quant à lui, l'idéal. Le choix n'est bien évidemment pas absolu. Il requiert de nombreuses réflexions, parfois des contradictions, de l'expérience ainsi que de nombreuses hésitations. En tout cas, Ahcène a appris, tout au long du récit, à ne jamais dissocier modernité et tradition, car un jour, les valeurs modernes feront également partie de la tradition insubmersible. Ahcène devra, constamment, dans ses prochaines séquences, les siennes et celles du monde, se souvenir de la puissance conférée par la tradition. S'il oublie la tradition, pour le plus grand bonheur de la modernité, son intégrité sera oubliée. S'il réfute la modernité, en ne s'accrochant qu'à la tradition, il sera, lui-même, oublié par la diligence du temps.

Léa, Monsieur Haddad, sa famille, les mathématiques et d'autres rencontres, ont fait partie de la construction de ce jeune Ahcène. Pourvu qu'elle continue à s'orner de prospérité. Pourvu qu'elle soit insubmersible. *Inch'Allah* ! *Ma Yebya Rebbi* !

Table